AQUARIUS

AQUARIUS

AQUARIUS

AQUARIUS

Vision

一些人物，
一些視野，
一些觀點，
與一個全新的遠景！

別讓負面情緒綁架你

30個覺察+8項練習，迎向自在人生

胡展誥（諮商心理師）著

【推薦序一】

覺察情緒，了解自我

邱珍琬（屏東大學教育心理與輔導學系教授）

這是展誥的第二本書。

之前擔任展誥的論文指導老師時，他曾經告訴我，他在經營一個部落格，也希望藉由故事敘說方式，探討自己的來時路，以及分享自己一路走來的悲喜陰晴。隨著他論文的完成，接著就積極產出了第一本諮商臨床的書籍《遇見，生命最真實的力量——一個諮商心理師的修練筆記》（聯經出版）。

第二本書也完成得很快。我記得他回母校演講時告訴我，他正在寫一本有關情緒的書，而我當時也正在撰寫與情緒相關的書籍，當時除了驚喜，也有許多期待與祝福，沒想到一轉眼，他就已經完成，甚至邀請我寫推薦序。

這一本書來得及時也重要。

因為我們常常一打開電視，就是暴力或情緒失控的社會新聞，久而久之，大家似乎司空見慣、見怪不怪。其實這是一種很危險的徵兆：如果我們隱忍或是暗許這些情緒暴衝的現象存在，就是身處於危險之境而不自知。若是再有鄭捷或龔重安的類似事件發生，沒有人可以置身事外，因為這樣的事件隨時可能在我們眼下發生，危及或波及我們的生命安全與福祉。

我很高興看見這一本書的面世。

情緒是自我的一部分，也是讓我們可以維生的基本配備。它是一個兩面刃：接納、覺察與了解，可以讓我們的生活更適意，然而拮抗、不理會或不處理，不僅造成自己的不愉快，甚至會危及他人與社會。

展誥的這本書會破解一些我們對於情緒的迷思，也會就情緒如何影響我們的生活與身心健康作探討，甚至進一步帶領我們檢視自己不喜歡的一些情緒，最後也針對覺察情緒與因應之道著墨。

是為序。

【推薦序二】

給「總是覺得自己不夠好」的你

海苔熊（作家）

你是那種總是會被身邊的人說「太努力」的人嗎？總是把你的肝腎都賣給工作，有錢沒錢的都做，甚至連同事的都抓起來做，只是因為怕別人討厭你嗎？有沒有想過，是什麼讓你自己這麼拚命，卻沒有顧慮到自己的身體和需求？

兩種「自我疏離」的人

這陣子因緣際會讀了一系列心靈成長書籍，發現每一本書談的主題雖然都不一樣，卻幾乎所有的書都講到同樣一件重要的事：所有的痛苦，都來自於你不夠重視自己的情緒。

第一種是藉由投入工作來「逃避情緒」的工作狂。總是馬不停蹄，害怕如果自己停下來，就會有人發現自己不夠好。為了能夠完成更多的「事情」，這些人變成胡心理師所說的「情緒殭屍」，只注重完成事情，不重視自己的心情（同樣地，可能也會被別人覺得很冷血、太過理性）。當然，變成殭屍一定有它的好處（例如賣命地工作可能換來不錯的成就，或者得到別人的尊敬）。只是，在辛苦了大半輩子之後，可能要想想，這樣的人生是自己想要的嗎？而那些你所逃離、沒有好好面對的情緒，也可能會在午夜夢迴、寂寞太猖狂（一個冷不防~）的時候，突然以焦慮、緊張、失眠等等的方式來襲擊你。

第二種人剛好相反，就是傳說中的「黑洞人」。心裡面總是有很多不安的黑洞，總是很在意別人對自己的看法，總是擔心自己會不會做錯、是不是很沒用。別人說你太負面，你都知道，可是你自己也很困擾，努力了很久還是被那些情緒給抓住。這些人看起來似乎有比較「重視」情緒，但實際上依然是沒有辦法好好和情緒共處，例如和家人吵架的時候直接甩門離開；伴侶讓你失望的時候，冷戰悶在心裡面，腦袋當中有很多的小劇場，卻沒有真正讓它上演的空間。

這兩種人看起來都很認真生活，但某種程度上也是疏離了自己，沒有接觸到自己情緒真實的需求。胡心理師認為，有些時候我們的情緒是很複雜的，必須抽絲剝繭看到那些生氣和哭泣背後真正想要說的需求是什麼，那些一直以來被糾纏的結，才有可能解開。

接受自己不夠好的勇氣

我們的文化裡，「別人」似乎是一個很重要的角色，不論那是你的家人、你在意的人，或是你心目中想像的「內在江東父老」，我們總是時時刻刻擔心，不知道別人會怎麼想我們。可是有些時候，過度在意別人怎麼想，反而會遺失了自己真正的夢想。

那麼，該怎麼辦呢？

這本書非常厲害地從家族治療、認知行為、個人中心等等各種不同心理治療的角度，用淺顯易懂的文字、生動活潑的例子，帶大家一起去發現：其實很多時候，我們都忽略了情緒對我們的影響，而太快跳到理性、務實、正向思考，雖然有它的功能，但同樣有可能讓你重複活在一個困境的迴圈中，影響到自尊和人際關係。

我常常覺得，我們可能要有「接受自己不夠好」的勇氣，一種「就算不做什麼，還是會有人會喜歡自己」的那種相信。當然，冰凍三尺非一日之寒，要邁向這一步可能是一個漫長的旅途，但我覺得這本書可以是一個很不錯的開始。

書中有三十個接觸自己內心情緒的故事，八個「只要你願意認真寫就會有所感受」

的練習（我原本也是很排斥在書上寫字的人，不過動筆寫之後，其中有幾則竟然讓我不爭氣地落淚了QAQ），甚至收錄了作者在諮商過程中遇到的「棘手」案例，以及他個人生命當中的趣事和體驗。閱讀時，可以感覺到是一個活生生的人在和你對談，也可以發現，即使是心理師本人，也有很多需要去面對和處理的生命課題。每一個故事裡面，你都可以看到自己的影子；每一個練習當中，都能夠照見那些你未曾注意到的，自己真實、脆弱又可愛的樣子。

完形心理治療相信，一直以來卡住你的，並不是你所遇到的人生困難或遺憾，而是那些沒有被好好完成體驗的情緒，它們被孤單地擱淺在記憶裡面的某一個海岸。當你願意走近這個海岸，聽見潮汐的聲音，蹲下來，拾起海邊的貝殼，你會發現貝殼裡面，有自己從來沒有看過的，美麗的浪花。

【自序】

為什麼不愉快的情緒總是不請自來？

——好心情、壞心情，今天你選哪一道？

現在請想像，在你眼前約一大步的距離，有兩台嶄新亮麗的自動販賣機。販賣機裡整齊擺放著琳琅滿目的商品，別出心裁的精緻包裝相當引人注目。不過，這裡面賣的不是飲料、餅乾，也不是其他小東西，這裡賣的是包裝成袋、各式各樣的「情緒」。

均一價，一袋一百元。

左邊那台販賣機裡賣的是開心、愉悅、滿足、放鬆、興奮等受歡迎的情緒，右邊那台剛好完全相反，放的是生氣、難過、挫折、害怕、憂鬱、忌妒、緊張、害羞等，大家印象中所謂「負向」的情緒。喔，對了，右邊這台販賣機目前還推出優惠活動「買一送一」，價格比起左邊那台整整便宜了一半。

此刻，你的手中正握著一張百元鈔票，如果要你選擇帶一樣情緒回家，你會選哪一種呢？

可想而知，左邊的販賣機肯定時常大排長龍、暢銷一空；而右邊那台販賣機，即使有特價，生意應該還是很冷清，大多數走到它面前的人總是只看了一秒，翻了個嫌惡的白眼，就頭也不回地走到左邊去了。

不過，現實總是殘忍的。

在想像的世界裡，我們可以恣意挑選自己想要的情緒，但是回到現實生活，別說要挑情緒了，那些不愉快的情緒似乎總是不請自來。

我們都希望每天可以開開心心度過，但是聽了一整天的課、上了一整天的班、處理了繁雜瑣碎的家事，心情也經常隨著天黑而逐漸晦暗。走出校門、離開了公司，壞情緒卻像是附有強力魔鬼氈的暖暖包，緊緊黏著自己，悄悄地將我們內在的不舒服加溫、加溫、再加溫。直到踏進家門，又聽到家人的碎念，看到餐桌上討厭的菜色，聽到孩子的爭吵……所有的壞情緒突然被攪和在一起，膨脹、膨脹、無上限地膨脹。接著，不知道是誰，悄悄地按下了某個按鍵……

砰！

剎那間，那些在外面累積、可能與家人無關的情緒，就在此刻毫無保留地炸裂，接下來若不是另一場戰役的開啟，就是整個客廳只留下剛剛爆炸過的你（因為被轟炸的人都跑光了）。但無論如何，這樣的劇情發展肯定都不是你原本想要的，你壓根就沒有想要發這麼大的脾氣，也沒有想要傷害誰。

呆坐在客廳沙發，愣在房間的床上，坐在空蕩蕩的餐桌旁，感受著慢下來的心跳、漸漸和緩的呼吸。你既無奈，又不清楚這一切到底是怎麼發生的。甚至，不清楚自己剛剛發脾氣的目的，到底是想得到像現在這樣的安靜？還是，其實你很希望有人陪伴，聽聽自己一天下來在辦公室、教室或所有忙亂中，所受的委屈與辛苦？

事實上，此時你的思緒狀態就跟方才爆炸的情緒一樣混亂。

你什麼都不清楚，只是無奈於很多時候不開心的情緒會自動找上門來，特別是在你疲累不堪、缺乏防備的時候侵擾著你，害你做出傷害自己或傷害他人的行為。

這情況，就像我曾在諮商室裡看到一位九歲的小男孩拿著充氣棒用力搥地板，一邊大吼：「我要打死你，可惡的『生氣』，拜託你滾蛋！」對他而言，「生氣」總是毫不打招呼就霸道地降臨在他身上，經常害他情緒失控而闖禍，接著就是被大人處罰、被同學討厭。

不過，有一件事情我們多多少少能確定，那就是不論自己喜不喜歡、想不想要，那些負向的情緒就是我們生活當中的一部分。而且，這種莫名其妙的爆炸時不時就會發生，使我們可能因此被貼上「壞脾氣」、「情緒化」的標籤。

但你真的是大家口中那種喜怒無常、陰晴不定的人嗎？

很多人討厭、害怕情緒容易起伏的人，因為待在他們身邊，隨時可能會被流彈波及。但是另一方面，其實有部分的人也很害怕自己會「變成炸彈」，他們害怕控制不了自己的脾氣；害怕突如其來的情緒崩潰會讓自己在大家面前出糗；害怕極端變化的情緒會破壞了自己與他人的關係。可是每當不舒服的情緒累積到某個程度，某些突如其來的刺激就會點燃引線，接下來會發生的事情，不用多說，相信大家一定很清楚（或者很有經驗）。

可惜的是，大部分的人對於自己的情緒並不敏感，更精確地說，是對負向的情緒不敏感。對於開心、愉悅、滿足的情緒，我們大致上不會有什麼困擾（記得，只是「大致上」，而非絕對如此）。

基本上，**這跟我們成長過程中被灌輸的態度有關：避免往「負面」看；「情緒化」是不討喜的；「難過」太沒有建設性，還會讓人瞧不起；「害羞」、「緊張」是懦弱的特質；「焦慮」是沒有必要的……「憂鬱」？那根本是庸人自擾、作繭自縛的人才有的專屬疾病啊！**

既然我們被告知這些情緒不受歡迎、會被其他人瞧不起，怎麼辦？最好的方法就是假裝我們沒有這些情緒，假裝感受不到它們，再找各種理由告訴自己現在頂多只是「生氣」，而不是那些令人更難堪的情緒。雖然生氣也不是很受歡迎，但至少代表自己不是懦弱沒用的！

然而，如果因此認為不去看、不去想，問題就會被解決，那就把這個世界想得太單純了。

閉上眼睛不去理會的問題，通常只會日益惡化。一味地否認那些不舒服的內在情緒，不讓它們有機會透過適當的管道宣洩，最後它們可能會儲存在體內，造成身體的各種不舒服，生活也可能因為這些模糊且難受的情緒而變得更糟糕。

接下來，**你將會在這本書裡看到我重複強調一個觀念：「很多事情你不去正視，不代表它就不存在。」**

「問題」一直都在那，要去面對它、處理它，當然會令人不舒服，也很需要勇氣。但每當我們多關注、多解決一些，問題就會相對地減少一些，自己也會覺得更加放鬆。

本書第一章，與讀者分享的是關於情緒的迷思，了解情緒如何在不自覺間影響我們；第二章將會帶著大家一起檢視某些我們不喜歡的、害怕的情緒到底從何而來，而這些情緒的背後，又有著哪些不為人知的聲音。或許，這些情緒並不若我們想像的可怕。最後一章則是適合隨身攜帶的提醒，引導讀者隨時覺察自己的狀態，練習用不同的方式來因應自己的情緒。接著你會發現，這些情緒的真實樣貌並不可怕，而且透過練習，也能提升自己和情緒相處的能力！

準備好了嗎？

現在，請慢慢地移動腳步到右邊那台賣有負向情緒的販賣機前，這也將是你更靠近自己、更認識自己的寶貴機會。

鼓起勇氣，將手上的百元鈔票平整地放進右邊的自動販賣機。眼前每一袋情緒下方的按鍵同時亮了起來，整齊的紅色燈號顯示著：「可購買」。

深呼吸。

深深地吸氣——，慢慢地吐氣——，試著按下眼前的某一個按鈕！

放心，情緒不是什麼可怕的東西。相反地，當我們愈靠近它、愈認識它，就愈能幫助自己更安然地與它相處，也讓生活更放鬆、更健康。

目錄

contents

PPart 2 重新認識不為我們所愛的情緒

Part 1

破解情緒迷思

一、揮之不去的壞心情？

有時候，是我們讓自己沉浸在不開心的泥淖卻不自知……

如果你經常逛書店，應該不難發現書店架上心理勵志的分類區，與情緒相關的書籍通常占了絕大多數。大部分的人看著這些琳瑯滿目的封面與書名，心裡揣測的，很可能是哪一本書最能夠幫助我們以最快的速度跳脫不快樂，最好還能夠從此天天開心。

這樣的想法相當實際，畢竟花錢買了一本與情緒相關的書，若是無法讓自己脫離痛苦的心情，那買來幹麼？

但你是否想過：有時候，其實是我們自己選擇待在不開心的情緒當中，在那樣的狀態裡浸泡、反芻，不想這麼快脫離？

放不下的怨恨與悲傷

我曾經與一個小學六年級的小男生談話，他被轉介來我這裡的原因是長期被班上同學排擠與霸凌，在生活中顯得相當沒自信、情緒低落。

為了減輕他的不舒服，我嘗試了各種方式，想引導他宣洩內心的不愉快及減少他對班上同學的怨恨，但無論我怎麼努力他都不願意配合，更毫不客氣地表達出興趣缺缺的樣子。

「不公平。」某次，當他在遊戲室裡玩著積木時，小小的身軀背對著我緩緩地說出這三個字。

「啊？不公平？什麼不公平？」我對這意料之外的回應感到困惑。

「如果我這麼快就不生氣了，那我曾經被欺負的事情算什麼？我知道，你們都希望我不要生氣，盡快冷靜下來，我也知道我只要安靜就沒事了，可是我就是不想要很快就不生氣！」

「那些欺負我的人才會沒事，我不會沒事。我很痛苦，而且很難過。」對他而言，大人所說的「沒事」不是真的沒事。

老師認為的沒事是指孩子不哭不吵，不去計較到底是哪些人欺負他，也不要再大動干戈地調查誰對誰錯，讓任課老師可以平靜地上課、其他同學的家長不再打電話來咆哮，一切就像船過水無痕那樣風平浪靜。但是他心裡面的不舒服卻沒有人關心，這根本就不公平。

「我知道不可以大吵大鬧，這樣會干擾到班上同學上課，」他無奈地說：「但是我不知道該怎麼辦。」

男孩想透過大叫，讓大家知道自己滿腹的生氣，而他的生氣可能包括了不舒服、委屈、難過、害怕，以及憤怒。大人們要他別生氣、別大叫，只是希望他不要干擾到其他同學上課，不要讓其他家長投訴班上有個頭痛人物，至於他被大家欺負的委屈或難過，或許不是太多人願意關注。於是為了讓大家關注到他，從小他就習慣用生氣與吵鬧的方式來吸引他人注意，但也因為這種行為模式，讓大家把他與麻煩畫上等號，認為他是喜歡吵鬧的問題兒童。

許多被霸凌者（或受害者）的內在都有著類似的心聲：「如果我放下了，那麼，欺負我的那些人呢？他們也會受到相等的痛苦嗎？如果沒有，那我的放下又有什麼意義？誰會來安慰我、悲憫我呢？難道我活該嗎？」而這位小小年紀的男孩無法說清楚的是，他緊緊握住這些不愉快的情緒，是為了提醒自己記得曾經經歷過的傷害。

像這樣，我們會擔心一旦忘了這些痛苦的經驗，就是否定這些不公平的對待，那麼，我們所遭遇的痛苦也會被這個世界所淡忘。因此，我們期待藉由記住這些痛苦，來警惕自己避免再次遭受類似的傷害。

另一方面，對於曾在關係中經歷重大分離、失落、受傷的人而言，那些不愉快的感覺可以讓自己覺得與重要他人或重要事件還保持著連結，並藉此緬懷那些曾經美好的回憶。這能讓人在經歷重大創傷、感受到如巨浪般襲來的痛苦而幾乎要窒息時，還能夠保有活著的感覺。

有一位前來尋求諮商的大學生就說，母親剛過世的那幾年，他經常一想到與母親相關的回憶就會哭得無法自已。但經過這幾年，漸漸地，他不再想到母親就掉眼淚，半夜也不再因為夢到母親而醒來，雖然在情緒上比較好受，卻因此多了一股矛盾與罪惡的感覺。

「我好害怕沒有了難過或悲傷，這樣下去會真的忘了關於媽媽的一切……「媽媽過世了，我卻沒有繼續難過，是不是我變得不在乎她了呢？「沒有了這些『應該』要有的感覺，我是不是錯了呢？」他說。好像記得這份痛苦，才等於母親還存在；如果忘記了這份痛苦，母親就會永遠離他而去。

別「想太多」就沒事？

如果說負向的情緒的確具有一些正向的功能，就不難理解為什麼有時候我們會在經歷分手、痛失親人、挫敗等令人難受的事件後，選擇一個人用各種方式沉浸在這些情緒裡。但是，**如果緊緊掐住傷口，是為了提醒自己避免再次受傷害，那麼傷口永遠不會有復原的一天。**

很遺憾地，身為一位諮商心理師，雖然我也不忍看到人們受苦，卻沒有那種能讓人瞬間跳脫情緒的技巧或靈丹仙藥。

我們的生活中充斥了太多「看開點，人生的路還很長」、「不去想就好了」、「想太多無濟於事」之類的空泛語言，這些語言不但缺乏任何安撫或支持的效用，還會令當事人覺得有負面情緒是因為自己無能，而加深了痛苦的感受。**要從情緒中走出來，最好的方式不是去否定這些痛苦的經驗，也不是責備自己小題大作，因為痛苦之於每個當事者，都是很主觀、很真實，且難以抹滅的事實。**

踏上自我療癒之旅

療癒內在傷痛的歷程就像是一趟旅行。旅行需要時間，也需要你親自去體驗，而不是像個觀眾躺在沙發上，打開電視、聽聽別人的分享就可以完成。倘若我們在旅行的過程中遇到了阻礙就繞道而行，將會失去許多學習與長出勇氣的機會。當然，如果因為各種原因而耽溺在某個地方，佇足不前，同樣也會錯失許多難得一見的美景。

如果療傷是一趟旅程，那麼，旅行最重要的就是「保持行動」——累了就休息，養足了精神就持續前進。**我們得時而抬頭看看眼前的風景，時而傾聽自己內在的聲音；勇敢面對旅途中遇見的每一個人、每一件事，保持與自己的內在對話，如實面對自己的情緒。**

生命的旅程經常充滿許多困難與挑戰，有些已發生的事情無法重新來過，部分痛苦的情緒也確實難以跨越，但那不代表我們的生命將就此被困住。我們在經歷了這些困境後依舊走到了現在，除了他人的支持，自己的內在肯定也有著堅毅而珍貴的力量。

時間並不足以療癒一切，真正能幫助我們跨越傷痛的，是我們從痛苦中長出來的智慧，以及逐漸茁壯的堅韌。我們要理解的是痛苦為生命帶來的意義，學著用更好的方式來想念過去的美好，與曾經受過的傷害共處，並懂得如何保護自己。

情緒是一種狀態，而不是用來達到某種目的的工具。我們不必為了逃避而逼迫自己否定或忽視不舒服的情緒，也不必為了某些目的，用力讓自己浸泡在那些負向的情緒裡。而在這樣的自我療癒旅程中，最重要的是，我們也學會了如何更愛自己。

情緒覺察1

1. 有時候，其實是我們選擇待在不開心情緒當中，讓自己在那樣的狀態裡持續浸泡、不斷反芻。

・理由一，擔心一旦忘了這些痛苦的經驗，就像否定了這些不公平的對待，自己所遭遇的痛苦也會被這個世界淡忘。

・理由二，希望藉由記住這些痛苦，來警惕自己避免再次受到類似的傷害。

2. 療癒內在傷痛的歷程就像是一趟旅行，旅行需要時間，也需要我們親自去體驗。

3. 時間並不足以療癒一切，真正能幫助我們跨越傷痛的，是我們從痛苦中長出來的智慧與逐漸茁壯的堅韌。

二、眼見未必為憑

我們經常用過往的經驗來與眼前的人互動，就像戴著有色眼鏡看待世界，不自覺地混淆了內在的情緒……

前陣子和好友小趙在臉書上聊天，他說自從大學畢業、踏入職場後，就陷入某個無解的困境：常常一份工作做不了幾個月就覺得痛苦、想換工作。家人經常勸他多做一陣子再考慮要不要換，面試官也對他頻繁更換工作的行為感到疑惑；更嚴重的是，女友因為他不穩定的工作型態而覺得沒安全感，離開了他。

我問，是工作太困難嗎？太沒挑戰性？薪資待遇不滿意？上、下班交通不方便？沒有升遷機會？員工福利不佳？他全都否認。事實上，他那亮眼的學歷，總是能讓他應徵到許多人為之欽羨的工作與職位。

「總有讓你覺得不滿意的地方吧？」我問。

「其實還好耶，工作環境和待遇都不錯。」他自己也很困惑。

「那你到底為什麼要這麼頻繁換工作？難道你是把老闆當成丈人來選嗎？」我給了他一個逗趣而白目的表情。

「老闆是還好，倒是我常覺得跟主管講話很痛苦……」他還了我一個痛不欲生的貼圖。

「哦？怎麼說？」沒想到隨口開的玩笑，會讓他提起主管。既然是他主動提起的，也許會有重要的訊息。

「我覺得主管的回應、話語、一舉一動，好像都是衝著我來的，讓我膽顫心驚。」小趙繼續解釋，「有時候我講話他沒有回應，我就擔心他是不是在氣我；聽不清楚他說什麼的時候，我不太敢再追問；每次有事情需要請假，我都很害怕他在簽我的假單時會不會覺得我怠惰職務……」

「但是你問問題是為了釐清狀況，請假也都是照著公司規定來，不是嗎？這樣有什麼好怕的？」這下子換我困惑了。

「我知道自己沒有做錯，也沒有違反程序，所以也很納悶自己幹麼這麼怕東怕西……」

「難道你遇到的主管都特別尖酸刻薄、不近人情？」

「不知道，我總覺得主管都不是隨和好相處的人……」

「除了主管，你對其他同事會不會也有類似的感覺？」

「同事？不會，對同事沒有這種感覺。」

聽到這裡，我的心裡突然浮現一個假設，於是接著問：「下面這個問題可能有點跳tone，不過請你仔細想想：當你跟老闆互動時，會讓你想到生活中的誰呢？」

果然不出我所料，臉書訊息在已讀卻沒回應的畫面停格了許久。我又補充：「一時想不到也沒關係，不急，等你想到了再跟我說。」我們的對話就在這裡暫告一段落。

幾天後，小趙回覆訊息了。

他說上週末回家，和父親討論家裡整修的事情時，突然發現他和主管互動的感覺，似乎和跟父親互動時很像。

他回憶道，父親從海軍上校退伍，對自己和他人向來很嚴格。不僅要求孩子絕對服從，生活起居也必須充實安排，不允許半刻的偷懶；有時他和哥哥如果講了什麼不得體的話，父親使來一個眼神就瞪得他們寒毛直豎、不敢再講半句話，以免挨一頓揍。

「哇，這真是個了不起的發現！」我很佩服。

「父親、主管、父親、主管……要不是你提醒，我也沒想過這兩者的角色居然這麼像。」他苦笑。

移情——對重要他人的情感轉移

像小趙這樣，**當我們將自己對生命中某些重要他人（A）的情感，轉移到其他人（B）身上，就叫做「移情」（transference）。**

以小趙的例子而言，之所以產生移情現象，可能是因為主管的某些特徵、舉止與父親很像，例如都是一家（公司）之主、講話很大聲、握有管理的權力等，使他在跟主管互動時，潛意識連結了自己與父親互動的經驗感受。但更準確地說，其實是他自己把對父親（A）的感受，移轉到公司主管（B）的身上，接著進一步影響了他與主管互動的感受。

當然，這整個過程跟歷任主管一點關係也沒有。

這些主管可能是個性溫和、充滿關懷、幽默風趣、步調緩慢而懂得享受生活的人，只是「主管」這個職位在小趙的認知裡，與父親角色很相似，因此在他還沒深入了解對方時，就因為一些互動而讓他感受到類似與父親互動時的經驗。

所以，那些被小趙「開除」的主管們很可能是被冤枉的，而若他沒能覺察到這個現象，也許會持續陷入「不舒服、換工作、不舒服、換工作」的惡性循環，最終在職涯發展上遭遇極大的挫敗。

你被困在「過去的感覺」裡嗎？

事實上，移情的現象在我們的生活中一點也不罕見，例如將對母親的情感轉移到太太身上；將生命早期某個老師的情感轉移到後來的老師身上；將初戀情人的情感轉移到現任伴侶身上……諸如此類的移情，都可能會影響我們當下與他人互動的真實性。

移情只會出現在過去對某人的負向經驗嗎？不盡然。我們也可能將過去對某人的正向情感轉移到目前生活中的其他人身上。不過，**無論是正向或負向情緒的移情，那當下都不真實**。就像戴著一副有色眼鏡在觀看世界，無論眼前看到的顏色是什麼，都偏離了真實世界的樣貌。

簡單來說，**在移情作用下，我們不是在與眼前的「這個人」互動，而是與「過去對某個人的感覺」互動**。這會使我們看不見眼前這個人的真實樣貌，因為自己已困在過去的某個情緒與經驗裡，不管此刻對方做什麼、說什麼，都可能無法真實地理解，而主觀地做出偏離且扭曲的解釋。

如何破除移情作用

移情不罕見，但多數人卻不太容易有所覺察。那麼，究竟如何降低移情對我們的人際互動產生影響呢？

網路上有個常見的遊戲是，在兩張相似的圖片裡找出相異之處。這裡剛好相反。我們要從兩個看起來很不一樣的情境裡找出相似之處，這些相似之處還包括肢體動作、姿勢、語調、外表、身上的味道等。以下以小趙為例：

1. **蒐集線索：**寫下主管讓他不舒服的地方，例如不回應小趙說的話、說話時不正眼看他、態度冷淡等。（重點是，你知道這些人可能沒有惡意，或者只是初次見面，他們並不需要這樣對你。）

2. **辨識感受、想法與期待：**覺得自己被嚴格要求；不被看重；期待主管對他寬容點、給予一些鼓勵。

3. **搜尋類似的情感經驗：**這是最重要的步驟，也就是找出當前的情境和情緒感受，曾在過去的哪些經驗裡感受到？誰也曾經說過類似的話、做出類似的舉動？

經過上述三個步驟之後，小趙可能會發現，「主管／公司」、「父親／家庭」這兩個原本看似平行世界的人物與情境，竟然串連起來了。這能幫助他覺察自己其實是將成長過程中與父親互動的恐懼與期待，放到了與主管互動的情境裡。

在我們的生活中，肯定充斥不少移情現象，不過也不需要因此太擔心或緊張，如果沒有嚴重影響自己的人際互動，也沒有發生讓自己（或他人）太困擾的事情，未必每件事情都要逼自己耗盡力氣地去檢視。

請記得，**「自我覺察」不是短暫的熱潮，而是一輩子的功課。**我們這一生都在持續認識自己、靠近更真實自己的路上。

練習1　降低過去對現在的影響

【範例】

1. 蒐集線索：蒐集某個人讓自己產生強烈情緒與感受的動作、姿勢、口氣、外表、身上的味道。

(1)每次女友講電話太大聲、講太久，都會讓我覺得很**煩躁**。

(2)主管身上的香水味，會讓我覺得很親切、很溫暖。

2. 辨識感受與期待：這種**煩躁**的感覺，是因為**覺得被侵犯**。如果可以，我希望她尊重我，不要在我需要安靜的時候打擾我。

3. 搜尋類似的情感經驗：這種**煩躁**的感覺，讓我想起我的**母親**。

一旦順利進行到第三步，要記得再次回到目前的生活，檢視那個讓自己充滿情緒的對象：「真的是他讓我不舒服嗎？」或者，其實是自己將過去對某人的情緒經驗連結到這個人身上，以至於「他的行為舉止、身上的特徵都讓我覺得不舒服」？

透過這樣的程序，可以幫助我們逐漸辨識情緒的來源，讓我們在當下以更真實的情緒和對方互動。

換你試試看：

1. 蒐集線索：

(1)每次當他______（行為），都會讓我覺得______（感覺）。

或

(2)他的______（特徵），會讓我覺得______（感覺）。

2. 辨識感受與期待：這種______（感覺），是因為覺得自己被＿＿＿＿＿＿（例如：被指責、被壓迫、被稱讚）。如果可以，我希望他＿＿＿＿＿＿（例如：對我溫柔一些、給我支持、說點鼓勵我的話）。

3. 搜尋類似的情感經驗：在我的成長過程，給我同樣感受的人是＿＿＿＿。

情緒覺察2

1. 「移情」指的是，將自己對生命中某些重要他人的情緒、感受，轉移到其他人身上的現象。
2. 當移情開始作用時，我們不是在與眼前這個人互動，而是與過去對某個人的情緒或感受互動。所以，我們其實「看不見」眼前這個人的真實樣貌。

三、千錯萬錯，都是別人的錯？

我們看不慣他人的地方，或許也是深藏在自己內心的一部分，只是我們無法或不願意去面對。

阿達對新主管相當「感冒」，他覺得這個年紀小自己一輪的屁孩，不但是令人生厭的空降部隊，還是個相當霸道、堅持己見的人。每每與他討論事情都得按捺心中極大的不悅，才不會讓滿到喉嚨的髒話脫口而出。

「他心裡想著要整我，臉上竟然還掛著和悅的假笑，真是噁心。你們受得了他嗎？」下班後和幾個同事聚餐，阿達一口乾掉杯子裡的清酒，忿忿說道。

「我是覺得還好。」同為業務的坤仔幫阿達斟酒，繼續說：「主管嘛，講話總是要有點威嚴……他私底下其實滿溫和老實的。」

「他能力不錯，講話是直接了點，但是提的方案都滿優的，也會徵詢我們的意見。」同科室的Cash肯定道。

「不是吧？你們怎麼了？」阿達聽了覺得呼吸有些困難，無望地看向還沒說話的阿飛，說：「喂，你該不會因為身為他的助理，所以也幫他說話吧？」

「阿達，有時候跟主管溝通別太強勢，硬碰硬對你沒好處。」阿飛好言相勸。

「我強勢?!」阿達一陣暈眩。他不知道發生了什麼事，為什麼這幾個向來有革命情感的兄弟，竟然一反常態地幫著敵人說話。

投射——其實，你討厭的是你自己？

我記得在某次成長團體中，一對姊妹因為「孝順」的議題而爭吵。姊姊年約四十歲，在家附近的便利商店打工，除了上班之外，其他時間都在家陪伴父母親；妹妹則是高中畢業後就長年在外地生活，久久才回家一次，因為不喜歡爸媽之間頻繁的衝突，有一兩次她甚至連過年都沒回家團圓。姊姊為此相當不諒解。

姊姊指著妹妹說：「爸媽辛苦一輩子，就是為了撫養我們，妳怎麼總是堅持自己的想法，不顧他們的感受？」

「『孝順』就是要犧牲自己的人生？妳難道就不想搬到外面住、擁有自己的生活？」妹妹繼續委屈道：「其實妳也很早就想離開爸媽身邊，擁有自己的人生吧！因為想要盡到妳以為的『孝順』，才選擇留在家裡。妳只是無法接受心裡那個也想離開父母親的自己。」

不論是討厭新主管的阿達，或是指責妹妹的姊姊，雖然他們的生氣都有理由，但有沒有可能，那些令他們生氣的原因，其實跟別人無關，而是在他們自己的身上？

心理學有一個概念叫做**「投射」（projection），意思是個人將自己內心所厭惡、無法接受的特質，像投影機那樣投映在別人的身上，當個人看到他人身上出現類似（事實上可能沒有）的行為或特質時，就會對他人產生負面的感受。**

這個過程相當有意思，一來是因為要去面對「原來自己身上也有自己討厭的特質」本來就是不舒服的事情；二來是，當我們在別人身上看到類似的狀況時，透過討厭或指責對方，不但可以抒發對這個特質產生的情緒，也讓自己感覺跟這個特質毫無關係，這麼一來，我們就能理所當然地避免面對自己的陰影。

子曰：「見賢思齊焉，見不賢而內自省也。」這個「省」不只是藉由看到別人不好的部分來提醒自己不要跟著重蹈覆轍，更重要的是，要去覺察自己身上是否就有這些令自己難以接受的特質。只是，人類的心理機制太聰明了，對於要面對令自己難以忍受的事情，為了避免自己不舒服，可能會在潛意識裡迅速而熟練地加以否認、壓抑，讓自己假裝沒有這一回事。

覺察自己，正視陰影

我最常講的一句話就是：「很多事情你不看、不承認，不代表它們就不會存在。」那些令你嗤之以鼻的部分，其實經常是你內心無法正視的陰影。

陽光照不到的地方就會有陰影，但不管是陽光或陰影，每個部分都是自己最真實的樣貌。因為每一個部分都是自己，所以並不需要去消滅它們，而是去正視它們、接受它們真實地存在著，然後學習如何與它們相處，而不是在模糊的情況下繼續受陰影的影響與擺布。

自我覺察不足時，我們對自己的認識經常來自於「想像」，因而影響了人際互動。就像阿達與強勢的主管互動時總是痛不欲生，卻沒發現自己其實也是主觀性很強的人，才讓氣氛如此緊張；當姊姊斥責妹妹我行我素時，也沒覺察到自己對於自由的空氣其實嚮往已久。

很多人跟他們一樣，對於自己的「不舒服」都覺得無力改變，認為是別人的問題。然而，**若能發現自己的個性或特質原來也是造成這些衝突與不舒服的主因，便能在可行的前提下選擇和自己喜歡的對象互動，減少不舒服的機會；更重要的是，也能試著調整自己，降低人際衝突。**

為人知與不為人知的四個「我」

心理學家喬瑟夫．魯夫特（Joseph Luft）和哈利．英格漢（Harry Ingham）提出「周哈里窗」（Johari Windows）的概念，認為人們對自己的認識，一方面立基於對自己的觀察，另一方面則來自於他人的回饋。因此，依據訊息來自「自己」或「他人」，可分成四個部分：

1. **公開我**：你對自己的認識且大部分周圍的人也都認同的部分。通常是個人顯而易見的外表特徵或性格特質，例如：高壯、膚色、說話音量、急躁、溫柔。因為你知道，別人也知道，因此這部分不太容易莫名其妙影響你與他人的互動，是值得多多擴展的領域。

2. **祕密我**：你對自己的認識，但大多數人並不知情的部分。通常是隱微的，也可能是個人不太願意被外界知道，自己也不太願意正視的部分。例如：身體某些缺陷、自私、內向、某些特殊能力。祕密我透過自我揭露，就會成為公開我的一部分。雖然祕密我可以保有個人的隱私性，但這部分若太多，個人就必須耗費許多能量在對外保密、隱藏。

3. **盲目我**：這是你自己沒有覺察，但周遭的人都看在眼裡的部分。別人之所以沒有告訴你，可能是不敢、不願意，或者覺得沒必要。盲目我透過別人的分享與告知，也會成為公開我的內容。要拓展這部分，除了他人的意願之外，自己也需要相當程度的勇氣，畢竟要得知自己在他人眼裡的樣貌，是一件令人焦慮、害怕的事情。

4. **未知我**：這部分可以稱為「未開發」的待探索領域。因為你自己與別人都

	我知道	我不知道
別人知道	1. 公開我	3. 盲目我
別人不知道	2. 祕密我	4. 未知我

不知道，所以通常是透過擴展前面三個「我」的內容來間接縮小未知我。

藉由周哈里窗，可以引導個人覺察自我，並且透過他人收集「關於自己」的訊息；加以整合後，便能幫助我們看見自己的盲點，進而更了解自己。

練習2　提升自我覺察

練習的順序為：

1. 公開我：寫出你對自己的認識，包括外表與內在。
2. 祕密我：寫出你自己知道，但別人可能不知道的部分。如果願意，可以找幾位值得信任的朋友分享，讓它變成公開我的一部分，也讓別人更認識你。
3. 盲目我：邀請別人寫下他們對你的認識。建議先從信任的親友開始行動，雖然這需要極大的勇氣，但對認識自己卻很有助益。當親友回饋的內容比較少，或者與「公開我」內容重複時，就表示你的盲目我其實是少的，也代表你對自己有較高的理解程度。

情緒覺察3

1. 「投射」是個人將自己內心厭惡、無法接受的特質，像投影機那樣投映在別人的身上。當個人看到他人身上出現類似（事實上可能沒有）的行為或特質時，就會對他人產生負面的感受。
2. 我們將自己主觀的感受投射到別人的身上，可能是為了讓自己理所當然地避免去面對自己的陰影。
3. 不管是陽光或是陰影面，每個部分都是自己最真實的樣貌。也因為每一個部分都是自己，所以不需要去消滅它們，而是學習與它們相處，避免繼續受陰影的控制與擺布。
4. 透過持續的自我覺察來提升對自己的認識，一來可以練習選擇與自己合得來的對象當朋友，二來也能調整自己，減少與特定對象衝突的強度與頻率。

四、「眼不見為淨」有效嗎？

真正的問題往往在於我們耗費許多力氣去壓抑情緒、控制情緒，卻鮮少或不願去認識情緒的本質究竟是什麼。

「一名年逾七旬的老婦人，深夜以利刃殺死睡夢中的丈夫後，吞下大量安眠藥試圖自殺……」一則社會新聞驚動了純樸小鎮。記者訪問鄰居時，鄰居們無不感到詫異，紛紛表示，這名婦人多次獲頒鎮上模範母親的殊榮，是大家眼中的好媳婦、好媽媽，甚至是不可多得的好婆婆。突然做出這樣的舉動，是大家始料未及之事。

「打從十五歲嫁進家門開始，丈夫就只顧著在外玩樂，家裡大小事都要她來張羅；婆婆對她很苛刻，一出錯就會被婆婆和妯娌揶揄；孩子相繼出生後，經濟更是拮据，生活過得很辛苦……」一個與她情同姊妹的老鄰居在受訪時如此感嘆，卻也讓這看似冷血的舉動有了一絲線索。

原來，這個當年未滿十五歲、正值青春年華的女孩，在連「婚姻」是什麼都還無法理解的階段，就被迫要放棄朋友、夢想與其他需求，一肩扛起一個陌生家庭大大小小的瑣事。不僅要獨自面對長輩們的批評與指責，過程中，先生也沒有提供任何支持；在兵荒馬亂之際，肚子裡的女兒就呱呱墜地，使原本拮据忙亂的生活顯得更加艱困。

因為添的不是男丁，她沒能好好地坐月子，時常到了半夜還獨自忙著家事。她不敢期待明天會更好，只希望未來的日子不要更煎熬。後來，她又陸續生了三個孩子，日子卻沒有像她所想的那般逐漸好轉。她總是記得出嫁那一天，母親在自己耳邊的提醒：「生活再怎麼苦，牙一咬就撐過去了。」

多年後，婆婆去世，他們也搬到外面居住。當她好不容易累積了一些財富、不必再終日忙於工作，很多事情卻已回不來了——她因為長年的疲累而病倒，身邊的孩子長大後一個個因為就學或工作而離家，唯一不變的，是老公依舊深夜才現身，一回家就是渾身酒氣。

直到某個晚上，丈夫又因為賭博輸錢而拿花瓶砸她，望著鮮血從那歷經風霜、布滿皺紋與傷口的手掌流下，她嘆了口氣，下定決心親手結束這幾十年的悲慘命運……

「壓抑」這顆未爆彈

類似前述的社會事件時有所聞，而那些沒有反擊，選擇持續扮演大家眼中期待的角色的人，肯定多到難以計數。每次看到類似的社會事件，我都覺得這些憾事並非「突然發生」，而是「終於爆發」。

或許有人會認為以前那個年代的女性就是如此：「那是傳統文化所致，無須過於訝異。」但我在諮商時卻發現，縱使有些女性長輩提到這些經歷時，會覺得自己本來就有責任，或為自己撐過那段日子感到驕傲，卻也因為心裡的那份苦總是無處可說而選擇忽視，選擇告訴自己那無所謂，選擇冰封。到最後連自己都忘記這些往事。

在心理治療裡，這個過程叫做「壓抑」（repression）。因為不被允許，因為不知道如何處理，因為無處發洩，所以選擇抑制內在難受的情緒。

在過去，人們最常把「委曲求全」、「報喜不報憂」等字眼掛嘴邊，說久了、聽久了，不自覺就將這些態度奉為圭臬，將所有的委屈與痛苦往肚子裡吞，負向的情緒就這樣有進無出，經年累月地堆積在體內。最後，我們寧願在夜深人靜時獨自舔舐傷口，也無法在他人面前坦露自己的難過。

人的心靈空間是有彈性的，這個彈性會幫助我們在遭遇相當程度的不舒服時維持正常的生活功能，經過消化與抒解後，重新騰出接納其他情緒的空間。然而，即便是一個彈簧，若長時間處於緊繃的狀態，久了也會失去彈性，成為一捆沒有作用的廢鐵。

大量壓抑的負向情緒像是沉積在水庫底部的淤泥，長年堆積的情緒不但會破壞水庫的蓄水能力，巨大的負能量可能會在一場大雨後，如潰堤而出的洪水般沖破堅固的防線，使我們失序，做出後悔莫及的憾事。最後不是傷害自己，就是傷害別人。

不過，這個比喻還不夠精確，因為水庫的水量還可以加以調節，人的情緒卻難以隨心所欲控制。

我常聽到人們既挫折又自責地說：「我已經盡力了！我時時刻刻都提醒自己要努力克制自己的情緒，但有時候還是會忍不住爆炸、失控。」「問題一定是出在我還不夠用力控制自己的情緒，或者，我還不得要領……」

我們很用力，卻總是很難控制自己的情緒。為什麼會這樣？

因為，**真正的問題往往在於，我們耗費太多力氣在壓抑情緒、控制情緒，卻鮮少去認識情緒的本質究竟是什麼。**

與情緒安然共處

壓抑並非全然有弊而無一利，事實上，它可以幫助我們在某些時刻不必直接面對那些不舒服的感受，等到比較放鬆或有能量的時候，再來處理這些不愉快的事情或情緒。但是，**如果只想要全然的愉悅，不想接觸難受的情緒，那麼漸漸地，我們會以各種逃避、扭曲或否定的方式來處理那些不舒服的情緒感受。**

那些我們不想面對的情緒不會就此消失，相反地，它們會轉化成各種形式持

續出現在生活中，干擾我們的作息，例如身體某些部位出現疼痛、免疫力下降、睡眠困擾、焦慮或憂鬱等身心症狀。

此外，當我們否定了自己真實的情緒，也等於否定了自己所遭遇或觀察到的現象，而這會讓我們距離真實的自己愈來愈遠。

我們不是被情緒綁架的人質，情緒當然也不是令人聞之喪膽的冤親債主，它是一種身心狀態的呈現，我們的情緒會忠實地反映出當下的所知、所感與所想。**我們很難直接左右情緒，但可以與自己的情緒和平相處。愈是願意靠近情緒，就愈能夠安然地與它共處。**

在這裡，所謂的相處是指「理解」與「接納」：

・理解

了解情緒沒有對或錯，重要的是，我們要從情緒中看見自己最真實的樣貌。包括探見自己的需求，覺察曾經受過的傷害，再漸漸從中找到更適當的表達與抒解方式，進而減少失控、崩潰的頻率，不再害怕自己的情緒。

・接納

接受情緒的存在。它跟呼吸與心跳一樣，是一種隨時隨地都在發生且無可避免的狀態。接受自己的情緒，也等於接受自己內在最真實的樣貌，而這也是通往自己真實樣貌的重要道路。

雖然我們努力的方向並不是直接去控制情緒，但**透過真正的理解，以及沒有評價的接納，能讓我們更知道如何與情緒相處，間接達到讓內在更穩定的效果。**這樣的過程是種間接改變，卻也是最有效的方法。

情緒覺察4

1. 當我們習慣將委屈與犧牲當作生活的美德時，也將同時吞下過量的負向情緒。
2. 過度壓抑負向情緒將會破壞心靈的彈性，造成身心受到傷害，還可能做出失序的破壞行為。
3. 壓抑與控制，無法幫助我們真正理解情緒、與情緒和平共處。

五、逐漸失溫的殭屍

那些長期被封印的情緒，會漸漸迷失在混亂的迷宮裡。這樣的人，長大後或者繼續努力壓抑，或者不擇手段、毫無上限地向外索求。

鉉宇，國立大學電機系四年級的男生。他長相俊俏、身材挺拔，與眉毛齊高的瀏海和一雙略顯憂鬱的眼神，看起來頗有幾分韓星的氣質。除此之外，優異的課業成績以及籃球校隊隊長的身分，讓鉉宇在大學四年都是校園裡的風雲人物。只是，這位人氣極高的大男孩，內心卻隱藏不為人知的困擾。

他來找我是想談一談自己的感情生活。他說從大一到現在，交過好幾個女朋友，不知情的人常在背後批評，說他依恃著優秀的條件而樂得當花心大蘿蔔。然而真相是，經常一段戀情才剛開始沒多久，他就被對方莫名其妙地「拋棄」了。

當他說出這段話時，我彷彿可以感覺到滿滿的無奈，因為他覺得自己其實不若外界所說的那般花心，而且被提分手的人都是他，但他卻無法告訴大家自己才是被拋棄的那個人，那樣的話面子肯定散落滿地。

「你思考過原因嗎？」我問。

「有是有，但是想不出個所以然，不過……」他的臉皺成一團，「有個女生曾經對我說，她覺得我是一個沒有溫度的人，意思好像是我很沒有感情……可是我並不覺得自己是那種無情無義的人。」

一個「並非無情，但沒有情感、沒有溫度」的人？這個形容真是耐人尋味，但我一時間也沒有頭緒，只好繼續往下談。

這一談，就談到了家庭互動。

他說，小時候家裡在菜市場賣魚，父母親每天都是天還沒亮就開車到遙遠的漁港去批貨，清晨再載到市場去做生意，沒賣完的，下午再轉到黃昏市場繼續兜售，等到收攤回家都已是晚上七、八點，草草吃個飯就得去洗澡、睡覺。

講到這裡他突然嘆了口氣，繼續說，父親只要一碰到工作，就會變得相當暴躁，經常因為一些小事突然大罵母親，連在一旁幫忙的他和弟弟也無一倖免。記憶中，他最害怕的就是生意不好。如果那天魚貨剩太多，當晚家人總是動輒得咎，不管做什麼都會惹來父親的責罵；要是當天學校剛好發考卷，他或弟弟又考得很爛，下場……只能以世界末日來形容了。

有次他剛從補習班回家，父母親因為生意不好而在家門口吵架。看到這情境，害怕的他只能無奈地站在門外等兩人的爭吵落幕。父親責備母親「在菜市場到底是幹什麼吃的，怎麼會賣得這麼糟？」母親在累了一整天、身體又不舒服的情況下聽到這句話，勃然大怒，將賣剩的魚貨往外丟了一地。

「去給我撿回來！不然晚上你也不用吃飯！」盛怒的父親瞧見不知道何時站在門口的他，大吼了一聲就兀自轉身走進家裡。

雖然很難堪，但也只能聽話地蹲在人來人往的馬路上，漲紅著臉將無辜的魚一條一條撿回來洗乾淨、冰進冷凍庫。

「那你都怎麼樣避免自己遭殃？」我問。

「努力當個隱形人。」他說：「在家裡，只要生意不好或在工作時，動不動就會被罵。有時在學校聽到好笑的事情跟爸爸講會被罵，被同學欺負了掉眼淚會被罵，連想問怎麼幫忙工作也會被罵。

「老師，你可能很難想像，明明是一家人，我們也沒做錯什麼，他卻因為工作上的小事，用像罵狗的方式來罵我們。

「更扯的是，後來我上了大學，他還罵我一點都不活潑，不像隔壁小孩回到家就會跟爸媽分享大學生活。

「分享個屁！」鉉宇捏扁了手中的塑膠杯，生氣地說：「小時候跟他講話，他正眼都不看我一眼！甚至會酸我、罵我，誰敢跟他分享？！」

「那你應該覺得很痛苦吧？在家裡不能表達自己真正的情緒或感覺，因為那可能會讓你被罵、被處罰。」

「對啊，不要有情緒，就不會被罵；不要有感覺，就算被罵了也不會難過。媽的勒！」可憐的塑膠杯瞬間變成碎片。

「欸，你剛剛說的那句話再說一次！」我的耳朵像是「叮」地一聲，聽到了重要的關鍵字。

「啊？老師對不起，我不是故意要說髒話的，只是太生氣了，所以……」

「不是，我是指前面那句，請你再說一次。」

「喔，不要有情緒、不要有感覺，就沒事了……」說到一半，他恍然大悟：「咦，這不就是那個女生對我說的嗎？」

我看著他，輕輕地點頭。

「原來如此……」他小小聲地喃喃自語。

他說，如果是這樣，那些曾經跟他交往的女生一定覺得很無趣。因為不管對方跟他分享什麼事情，他都不笑也不會感動，而且他遇到挫折時只會以生氣表達，無法跟對方分享其他心情。如果女友遇到不開心的事情向他訴苦，他也無法安慰或鼓勵對方，而是站在是非對錯的立場大肆分析，有時甚至會覺得女友太笨、作繭自縛等。

害怕坦露情緒的「超理智型」

鉉宇這樣的行為模式，跟他的父親其實是很相似的。他從小在與父親的互動中，學到了「表達情緒是不被允許的」。為了避免不好的後果，為了不要感受到莫名其妙被罵的不舒服，他漸漸在生活中關閉自己的情緒與感受。

在家族治療的概念裡，這種溝通型態被稱之為「**超理智型**」。這類型的人經常忽略自己與他人的感受，眼裡只看得到工作與任務，並且習慣用極度理性的方式來分析每一件事情；要他們針對情緒、感受給對方支持或安慰，無疑是天方夜譚。而這樣的行為背後所隱藏的，其實是害怕接觸情緒、害怕自己可能會因為表現出脆弱或開放了自己而受傷。

這樣的溝通型態放在人際互動，甚至是親密關係上，往往會遇到極大的困難。畢竟人不是機器，而是有血有肉，有情緒的生物，**情感的接觸可以讓我們在挫折的谷底重獲面對挑戰的勇氣，讓受傷的我們覺得被撫慰、被療癒。如果兩個人無法有感受與情緒層面的接觸，很難建立起穩定而長久的親密關係。**

代間傳遞的情緒表達模式

就像鉉宇自己所講的，他並不是一個無情的人。他一直都很渴望能與父母親靠近，想關心他們，想分享自己的生活，也想和其他家庭一樣，能與父母輕鬆地聊天打鬧。然而，每次鼓起勇氣後都引來責罵或被拒絕，這樣的經驗讓他愈來愈退縮，也更加封閉自己的情感。

無法接觸自己情緒其實是很辛苦的，這會使我們難以辨識內在那些不舒服的感受究竟是什麼，從何而來，更遑論該如何宣洩與表達。最終使用的宣洩方式，往往就是生氣與指責；這樣的方式治標卻不治本，頂多只能宣洩當下的不舒服而無法處理真正的情緒，所以不管怎麼生氣，內在總會隱約有股不舒服的感覺在波動，影響自己日常中與他人的互動。

值得留意的是，溝通型態很常出現「代間傳遞」的現象。**孩子透過觀察與學習，會不知不覺將父母親處理情緒的方式內化成自己因應情緒的模式，接著再以這樣的方式與下一代溝通。**到後來，整個家庭的互動只剩下冰冰冷冷的對話與指責，少了脆弱時需要的支持、難過時需要的擁抱、開心時需要的分享、生氣時需要的包容。

在攝氏零度以下的冰庫生活的小孩，在成長過程中也將逐漸成為一具在情感上失溫的殭屍。當他們進入另一段親密關係時，你又怎能期待他給予對方溫暖的擁抱呢？那是他不曾擁有過的經驗呀！

情緒覺察5

1. 無法接觸自己情緒其實很辛苦，這會使我們難以辨識內在那些不舒服的感受究竟是什麼？從何而來？更遑論該如何宣洩與表達。
2. 「生氣」看似是發洩情緒最強烈而直接的管道，其實無法讓情緒如實得到宣洩與理解。到頭來，生氣不但無法幫助我們抒解那些不舒服的感受，更可能讓我們喪失表達其他情緒的能力。
3. 孩子很可能在親子互動中，觀察、學習父母親對於情緒的表達和溝通方式。這樣的過程經常是不自覺的，且會將這些情緒表達方式用來與自己的伴侶及孩子互動，繼續影響下一代。

六、面子一斤值多少？

有時候是我們為難了自己，卻總覺得是別人讓我們不舒服。因為，我們如何看待自己，就會覺得別人也是這麼看自己。

才進入五月，驟然升高的溫度已讓沒有冷氣的校園顯得浮躁許多，教室、辦公室裡學生與老師不時忙著擦汗。午休時間的輔導室，一名學生不知道為了什麼事情，砰地一聲用力將書包甩在輔導老師面前的地上。

巨大聲響引起了輔導室裡所有老師的注目。

「慘了。」我心想，學生居然在眾目睽睽下對老師摔書包？這下肯定會被狠狠修理一番。一場即將到來的災難已在我的腦海裡展開。

出乎意料地，劇情沒有如我所想的發展。

「把書包撿起來。」A老師輕輕地說。她的口吻之平靜，就像在請對方幫忙拿個東西或請對方讓道一樣。

正在情緒上的學生顯然對老師的反應有些詫異，但還是留在原地不願動作。「把你的書包撿起來。」A老師依舊以平穩的語氣再次說道。

或許是一個巴掌拍不響，學生拗了一會兒，只好蹲下去把書包撿起，接著這位老師才開始與他談話。

為什麼不生氣？相信多少會有人如此困惑。孩子在你面前用任性而粗暴的方式來表達憤怒，絲毫沒有尊師重道的態度，難道不該生氣嗎？他可是完全不給老師留面子啊！

對於學生這麼沒有禮貌的行為，他為什麼不生氣呢？事後，我聽到B老師請教A老師。

A老師回答：「我知道他是用這種方式來表達他的生氣。」她繼續說道：「我想要處理的是他的情緒，他的情緒被理解了之後我再來討論他的行為。如果當下我也跟著生氣，場面大概會變得很火爆，這樣一來，再怎麼重要的教育都免談了。」

聽完之後，B老師依舊有些困惑地問：「那……面子呢？」

「面子？」A老師也露出困惑的表情。

「就是……妳身為一個老師的威嚴啊。」

「我沒有想到這個耶！」

對話至此，上課鐘聲響了，兩位老師紛紛去上課，但我相信雙方心裡或許都還留著各自的困惑。

「面子」到底重不重要？

面子在我們的生活中，的確扮演了很重要的角色。當我們顧及一個人的面子時，目的是避免讓對方難堪，讓他覺得被尊重，進而讓他感覺自己是重要的、有價值的。反之，如果別人表現出不給我們面子的動作或語言，我們就會感到不舒服，覺得自己好像很沒價值。所以，面子與我們所感受到的「自我價值」似乎有很緊密的關聯。

當我們的價值被挑戰、被忽視時，就會感到自己被冒犯、不被尊重，甚至因此覺得自己是不重要的，乃至於連結到自己是「沒有價值」的人，而這當然是件令人相當不舒服的事情。

活在這個世界上，別人對我們的看法當然有一定的重要性。問題是，**如果我們缺乏對自己的覺察、無法肯定自己，其實也就等於將鼓勵自己、評斷自我價值的權力拱手讓人。**

到後來，別人的一個眼神、一句話、一個動作，會成為我們建立自我價值唯一的依據。換句話說：你是個怎樣的人，都由別人說了算，而你自己完全喪失了判斷與反駁的能力。

這樣的結果會對我們造成什麼傷害？

・自我價值脆弱

如果我們的價值取決於他人，那麼我們對他人的語言或回應是缺乏抵抗力的（因為別人說了算），這樣的自我價值顯然建立在一種相當脆弱的基礎上，別人的一句話就可能瞬間讓我們崩潰，甚至對自我感到羞愧與懷疑。即使這些來自他人的訊息可能根本不適當、不客觀，我們還是沒有能力予以辨識與反駁，因為我們已經習慣藉由他人的回應來建立對自己的認識。

・習慣負向的解讀模式

由於很容易被別人影響，所以當別人在互動中使用負向語言，我們可能很難辨識這些語言真實的本質為何，而一概將它們當作是攻擊自己的語言，因此感到不舒服、委屈、挫折，甚至用攻擊的方式來回應對方。

就像孩子摔書包的動作，可能讓一個老師解讀為「被攻擊」、「自我價值被挑戰」，而採取教訓（攻擊）學生的行動；但同樣的行為對另一位老師而言，卻無關個人價值，她可以客觀地看待這個行為，所以不覺得有生氣、惱怒的必要，從而能夠平穩地採取相對應的輔導策略。

自己的價值，自己評斷

一個人的自我價值會影響他看待這個世界的觀點，而這樣的觀點會左右他的情緒及對這個世界的互動模式，進而影響環境對他的回應。最終，與別人互動的結果會再影響他對自己的觀點與情緒，形成一個「自己影響環境，環境再影響自己」的循環。

因此，如果想避免成為人際關係或職場上令人敬而遠之的「玻璃心」、「易碎品」，想避免經常被他人的行為或言語影響情緒，最好的方式還是要經常練習觀察自己，提升對自己的了解。

我們必須時時練習欣賞自己，針對自己需要改進的地方予以正視與接納，才能重新建立屬於自己真實而穩定的價值。

情緒覺察6

1. 如果缺乏自我覺察，無法肯定自我，等同把評斷自我價值的權力拱手讓人。
2. 若我們的價值取決於他人的回應，就會因為別人的一言一語影響我們對自己的看法，也可能把別人不實的攻擊或批評拿來對付自己。
3. 不想成為人見人怕的「玻璃心」，就必須在生活中學習肯定自己的努力與進步，並且勇於面對自己不足的部分，才不會總是因為別人的回應而感到受傷、憤怒。

七、一代傳一代？

那些家庭裡隱而未說的規則，很可能經由代代傳遞，讓家庭成員在情緒上承受著相同的苦。

諮商室的門即將關上那一剎那，一道嬌小而瘦弱的背影停下腳步，接著轉過頭看著門縫裡的我，她臉上像是寫滿了抱歉，並用唇語輕輕說了句話。她的聲音很小很小，或者甚至根本沒有發出聲音。我聽不見，卻清楚知道那句話是什麼。

我向她點點頭示意，微笑目送她離去。

時間回到前一天夜晚。晚上九點，我剛洗完澡，打開電腦準備寫稿時，手機裡的Line突然傳來訊息提示聲。

為了劃分工作與生活的界線，下班時間我通常不太看Line，一方面是避免休息時間也在處理工作的事情，二來是白天用了一天電腦，下班後想讓眼睛多休息。話雖如此，一陣陣急迫的訊息聲還是讓我難以克制地拿起手機查看。這一看，一顆心就像突然故障的雲霄飛車那樣，卡在高空中。

那是輔導室群組傳來的訊息，主任說當天放學後，我的學生阿克因為不明原因情緒失控，趴在四樓教室外的陽台護欄上，大吼著要跳樓。在場的同學見狀全都嚇壞了，有些人試著安撫他，有些人趕緊去通報老師，有些則是幫忙維持現場的秩序、提醒大家不要吵鬧。

當時正值放學，他的舉動引來其他班級的注意，教室門口圍滿好奇觀看的同學。班上同學無不繃緊神經，深怕一個不小心憾事就會發生。

「明早先找他來輔導室談談，晚一點他的父母親也會來，你再陪導師一起跟父母親討論他的情形。」看著主任傳來的訊息，本來已經進入休眠狀態的腦袋又開始轉個不停。

隔天一早，他的父母親依約到校，我們一起進入諮商室談談阿克的狀況。談話過程中，阿克的母親幾乎都是低頭默默聽著，幾次發言都是因為丈夫到一旁接電話才有機會開口，且不管話說完了沒，只要丈夫回到位子她就會立刻閉上嘴巴，簡直像個自動開關似地。只有一次，丈夫話說到一半，她像想到什麼一樣突然開口，但是說不到幾個字丈夫又大聲喝斥：「妳懂什麼？」她便再次陷入沉默。

「爸爸你好，跟阿克談話過程中，我發現這段時間他的確情緒比較低落……」

「低落？家裡有讓他缺過什麼嗎？我讓他吃好穿好、用最好的手機，也不用擔心學費，還有什麼好低落的？」我才講不到幾個字，父親就大聲回應：「一定是日子過太爽，才有力氣想一些有的沒的。」

「所以他在家裡會跟你們聊——」我想了解一下他們的家庭氛圍與親子互動。

「這不用你講！你是不是要說我沒有陪孩子聊天？這你放心，每天晚上我都叫他到我旁邊坐好，叫他不要把我當成父親，想說什麼就說什麼。」父親的語氣充滿了自信。

「哦？那他都跟你說了什麼？」我看到一旁的太太聽了先生一席話，眉頭明顯皺了一下，於是好奇地問。

「他都沒說話。」

「啊？什麼？」

「嘖，很難懂嗎？他都沒講話，就代表他的生活根本沒遇到什麼問題，有問題，他就會說了啊。」父親好像有些失去耐心，覺得我淨問些不著邊際的問題。

接下來的半小時也是如此，都是由他的父親發言，旁人毫無插嘴的餘地。即使是他提出問題，我講沒幾句就會被他否決或中斷。有幾次我試圖向他請教阿克與家人的互動，他卻一再強調家裡一切正常，還說他是很懂孩子的父親，所以孩子不會有什麼情緒問題。

即使只與他們見這麼一次面，我多多少少也觀察到了阿克家的互動模式與家庭規則[1]。儘管這位父親口口聲聲說自己有多麼民主，但我彷彿能感受到這個孩子與太太的苦悶與委屈。因為父親的聲音猶如不可違逆的聖旨，一旦他開口，其他人只得保持緘默，以免惹來「殺身之禍」。除此之外，這個家裡的聲音也必須與父親的價值觀一致，否則就會被視為多餘的雜音。

家庭裡，隱而未說的潛規則

「家」是一個人來到世界上最初始的學習場域，而父母親當然是孩子生命中

最初與最重要的學習楷模；父母親彼此的互動、期待，以及價值觀，則形成了這個家庭的規則。如果是更多人一起生活的大家庭，規則可能就更多、更複雜。

有些規則可能是明確而具體的，但更多時候，它是以非語言的形式流竄在家庭成員之間，這些規則不但沒有明文規定，還可能不容許被質疑、被挑戰。

舉例來說，一對迴避情緒的父母親，可能會在電視節目上演感人橋段時突然轉到其他頻道；在孩子難過流淚時對他們說：「哭也沒辦法解決問題」；當他們自己情緒低落時，告訴孩子他們沒事，或用生氣的方式來宣洩情緒；當孩子開心宣布自己考得很好時，回答孩子：「不可以太開心，會樂極生悲。」雖然他們從來沒有直接告訴孩子「不能表達情緒」，但一舉一動都在教育孩子：「在這個家裡，不允許表達情緒。」

1 家庭規則（family rules）的主要目的，在於維持家庭系統內部的秩序與平衡。每個家庭多少都有自己的規則，它可能是明確具體的規則，例如規定孩子幾點前要回家，或飯後由孩子輪流洗碗；也可能是隱而未說的潛規則，像是飯菜上桌時，晚輩不能先於長輩夾菜，或孩子不能說出違背父母期待的真心話，家人間報喜不報憂，兒子比女兒獲得更多資源與關愛等。

孩子在無形中學到了這個規則，長大之後也會無意識地將之放進自己的家庭裡，繼續養出另一批無法表達情緒的孩子。

將發言權還給自己

阿克父母親的互動，也讓我想起一件事。

與阿克諮商的過程中，我發現他身上有著「相當配合」的特質——不管我說什麼、問什麼，他都會延續著這個話題回應，絲毫不跳題；就連導師叫他來接受諮商，他也毫無異議地就來了。或許對師長而言，這孩子很聽話也很配合，但我卻覺得這對一個青少年而言，好像少了一點什麼。

事實上，阿克這種別人發球他就努力接球的模式，也反映在人際關係上——不管喜不喜歡、願不願意，只要別人開口，他就會盡力去完成。於是，我開始試著把話題的發球權還給他，每次諮商開始時，我就問他：「今天你想談什麼？」「今天你想做什麼？」讓他有機會為自己想要的事情發聲，而不是讓他配合著我。結果，這樣的模式果然讓他很不習慣：「老師，聊什麼都可以，你決定就好啦。」「我不知道……」

我帶著他去覺察自己這種「習慣配合別人、難以自己做決定」的模式，他才恍然大悟：「對欸，我好像真的都是這樣。」並且有點擔心地問：「老師，我這樣是錯的嗎？這樣是不是很糟糕？」

其實，這個問題的答案不該只是侷限在「對／錯」、「糟糕／不糟糕」這種絕對的二選一。因為**這樣的模式在大部分的人際關係中，的確能為他博取「好孩子」、「好朋友」的正向肯定，但是如此全盤接受的個性，也會讓他習慣性地壓抑自己，否認自己的需求，接著就會愈來愈鬱悶，甚至覺得自己沒有價值。**而這樣的憂鬱、自卑，正是阿克在諮商中所凸顯的核心議題。

一開始我很納悶阿克這樣的模式是從哪裡學來的，但在與他的父母親談話後，我心裡也有了個底。

下課鐘聲響起，阿克的父親站了起來，意味深長地說：「如果這樣就叫做心理諮商，那我肯定也是個厲害的心理師。」說完話後大笑兩聲就逕自轉身離去。母親聽了後站在原地，似乎覺得很尷尬，除了頻頻點頭致意外，也不敢多說些什麼。

送他們離開諮商室後，她再次轉過頭來，充滿歉意地看著我，微微鞠躬。我也點點頭，向她道別。

我想，阿克的母親應該很清楚阿克的憂鬱情緒從何而來，因為這樣的苦，她肯定也吃了不少。

情緒覺察7

1. 每個家庭多少都有些清楚、具體或隱而未說的規則，規範著家庭成員什麼能做、什麼不能做，什麼是被鼓勵的、什麼是被禁止的。
2. 隱而未說的家庭規則不容易被覺察，但當它與我們的價值觀或態度差異太大，而我們又不敢違背時，就會讓我們感覺不舒服。
3. 個人若沒有覺察家庭規則對自己造成的影響，即使在成長過程中感到不舒服，還是可能在不自覺間學習了這些規範，等到為人父母時，就會將這些陳年的規則放到自己的家庭裡。

八、男人不許哭？

為了在不容許表達真實情緒的環境裡生活，人們只好假裝自己感受不到任何情緒，時間一久，卻真的忘了自己是有血有淚的生物。

分享一個關於我父親的故事。

我們家一直以來都是「吃飯配電視」：一邊吃飯，一邊看電視。孩子們嘰哩呱啦聊學校的生活，爸媽則聊聊菜市場的八卦。媽媽在廚房煮菜的時候，總會有人先在客廳的餐桌上鋪好報紙，接著打開電視、轉到大家最喜歡的節目，然後就定位，等待媽媽上菜。這樣的分工也算是我們家的默契之一。

記得是念高中的時候，我開始發現一個特殊的現象。

好幾次當電視裡的節目演到感人的橋段，父親就會默默地放下碗筷，起身離座，然後走到外面去。我總是很納悶：看了這麼久，終於等到精彩的部分，幹麼不看呢？明明盤子裡還有他最愛的滷虱目魚頭，為什麼不吃完呢？

問過父親幾次，他都說是去處理還沒做完的工作，或是「吃得差不多，出去散散步」。但是，那碗飯明明才吃到一半而已，真的有這麼多工作要做嗎？這困惑一直擱在我心上。

直到某年清明節到納骨塔掃墓，祭拜結束後，父親叫我們先下樓休息。我走到一半才發現有東西遺留在上面，又折返回去拿。快走到阿公的塔位時，我看到父親獨自站在阿公的照片前，雙手拿著香，小聲地說話，臉上還掛著眼淚。

從小到大，我幾乎沒有看過父親掉淚，我想，父親應該是不想讓我們看到他掉眼淚的樣子，所以叫我們先離開。那一刻，我才終於理解：對於這個白手起家的男人而言，在創業、養家的過程中，他需要極大的勇氣和毅力，才能面對龐大的壓力與困境。再怎麼辛苦，他都必須撐住，這樣妻子、小孩才能有所依靠。所以，他不允許自己脆弱，但是時間久了，卻慢慢忘了自己原來也會脆弱，忘了自己也有權利脆弱。

當脆弱不被允許

哭泣，在中國傳統的文化裡對男性無疑是一種丟臉、懦弱，難登大雅之堂的行為。而其背後所傳達出來的真正意涵是：男人不能脆弱。

類似的價值觀從小就如陰魂般無所不在地圍繞著我們：「跌倒不許哭，愛哭羞羞臉。」「男孩子不可以哭，打回去就對了。」「哭什麼？打起精神，撐過去就是一條好漢！」「別哭，這一家子都靠你。你要是軟弱了，妻小怎麼辦？」

像這樣，許許多多的聲音如同反覆播放的魔咒，在不同的成長階段，放出相對應的句子。不論這些句子如何變化，它們都有共同的主旨：「一個男性應該要堅強，不該脆弱。」

但是，人本來就是充滿各種情緒的動物，即使我們再怎麼努力恪守文化施加在我們身上的期待，遇到難以承受的事情時，我們依舊會感受到與脆弱有關的情緒。感受到情緒，卻不被允許如實表達出來，怎麼辦？最終我們選擇的方法，就是欺騙自己。

在我們的文化氛圍裡，比起脆弱，男性更被鼓勵要不畏困境、勇往直前——可以憤怒、可以攻擊，甚至可以傷痕累累，但就是不能脆弱與退縮。既然心裡的

鬱悶不能大聲說出來，那麼，要麼借酒澆愁，要麼乾脆用這個文化唯一允許的方式——生氣，來表達內心所有的不愉快。

為什麼如實表達情緒很重要？

在面對各種情緒時，如果我們缺乏辨識能力而只用某一種情緒去表達，久而久之，我們就離自己的真實情緒愈來愈遠，並漸漸喪失表達其他情緒的功能。

這會有什麼可怕的後果呢？

・情緒難以撥雲見日

總是用生氣來代替其他情緒，慢慢地，我們會愈來愈難感受自己當下到底有哪些情緒；無法感受到自己真實的情緒，就很難表現出適當的行為。

例如，明明很擔心晚歸的家人、明明是心急如焚地幫孩子送准考證到考場、明明是心疼孩子被欺負，但是這些出於「愛」的擔心，最後卻一概以怒罵的方式來表達，不僅使對方感覺很受傷，自己也為此後悔、自責不已。

・喪失表達其他情緒的能力

情緒表達是一種能力。既然是能力，就得透過練習才能愈來愈熟練。如果我們沒有覺察自己的情緒而一概以憤怒來表達，到最後，我們真的就只剩下生氣的能力了。

・增加與他人的誤會與衝突

習慣用生氣來表達所有不愉快的情緒，別人其實無法理解我們的狀態，對方可能會因為我們的生氣而產生誤解，造成彼此有更多無謂的衝突。也許我們原本是想為自己做點解釋，或與對方好好溝通，卻因為不習慣自己的緊張而自動以生氣表現，最後就因此弄巧成拙。

不可輕忽的社會期待

事實上，不只男性，女性也很辛苦。因為我們不僅剝奪男生脆弱的本能，也同時否定了女性生氣的權利。

稍微注意一下，會發現**我們的文化比較傾向女性以難過、脆弱的方式來表達憤怒。如果女性生氣，就會被貼上「潑婦」、「不溫馴」等負向標籤。這樣的期待顯然不合理，因為女性並不如文化所期待的那般脆弱，她們也會有生氣與不滿**，如此不合理的期待使得女性只能壓抑自己的憤怒，轉而認為自己無力改變事情，也不能為自己爭取需求。

這些現象，其實都是文化的價值與期待在影響我們的情緒表達方式，進而扭曲我們對自己的認識，甚至不自覺地否認或壓抑自己的情緒與需求，使我們離真正的自己愈來愈遙遠。

文化的力量當然不容小覷。雖然近幾年有許多性別刻板的概念已在許多人的努力下，漸漸有所翻轉與提升，但整個環境要達到性別平等與客觀的目標，顯然還有很長一段路要走。我們還是有必要時時去覺察：主流文化夾帶的價值觀對我們造成了哪些影響？

愈能辨識外在環境對我們造成的影響、探索自己內在的哪些想法與文化相符或衝突，就愈能夠覺察每個行為的背後，究竟是源於我們自己主動想去做，抑或是來自文化的逼迫。當我們愈能清楚自己的所思所為，也就愈能減少被莫名的情緒影響的機會。

情緒覺察8

1. 社會文化會規範我們的情緒應該如何表達才是「正確」的，但這卻可能讓我們遠離自己，選擇用壓抑或批評的方式來面對自己的情緒。
2. 當我們習慣只用生氣來表達其他情緒，久了就會喪失表達其他情緒的能力，不但造成人際互動中的衝突與誤會，也讓其他真正的情緒沒有機會被看見。
3. 情緒表達的權利當然不該因性別而有所差異，既然男性可以表達脆弱與難過，女性當然也可以表達憤怒與不滿。唯有放鬆地表達各種情緒，才能讓身心更健康。

「一定要幫助他人才能得到的愛」，
其實是充滿條件交換與勒索的愛。
請記得，我們被愛，是因為我們本身就值得，
而不是因為我們付出了多少勞力，或如何委屈自己。

SANTA CLAUS NORTH POLE

九、各人造業各人擔

「冤有頭、債有主」，沒有人需要為別人的情緒負責，當然，也沒有權利因為自己的情緒而攻擊別人。

「要有禮貌，看到長輩要稱呼人家哦！」父母親耳提面命。

孩子困惑地回應：「媽，我在路上遇到伯父很多次，我有叫他，但是他都好像完全沒有看到我。」「我在姨媽的臉書上留言，她有回覆別人的訊息，可是都沒有回覆我。」「我在學校跟表弟打招呼，他也都不理我。」

許多人都有過類似上述的經驗：上一代的親友因為彼此的衝突，把怒氣發洩到彼此孩子的身上。孩子雖然不知道到底是什麼狀況，但也多少感到困惑。

這種狀況在農曆過年、家族成員同時聚在一起時，也經常出現。「你把這個紅包拿去給某某的孩子。」「你去叫某某來吃飯。」「你去跟某某說，我們今年不一起去拜拜。」大人小小聲對孩子說。

「你們幹麼不自己去說呢？」孩子不解，那個「某某」明明就在距離不到兩公尺的地方，爸媽為什麼不直接講就好了？

「囉嗦，去就對了！」大人惱怒，用力擰了孩子的大腿。孩子哀號一聲之後只能乖乖照辦。

尤有甚之，大人甚至會對自己的孩子進行「洗腦」，告訴他們某某人多麼糟糕、多麼可惡，或不需要對他們有禮貌等。而孩子本著對父母親的忠誠，也會在不自覺的狀態下將對方當成敵人，大人的情緒也因而持續延伸到無辜的下一代。而這種情緒蔓延的源頭，很可能只是從一些微不足道的摩擦開始渲染。

情緒的界限

俗話說：「冤有頭、債有主」、「各人造業各人擔」。看似簡單的兩句話，卻清楚點出**「界限」**（boundary）的重要性。

在現實世界裡，界限是為了劃分出特定的區域，讓界限內外的空間不至於混淆。**情緒的界限則是指，個人在心理層面能夠將自己與他人區分開來的一種抽象概念**：你是你，我是我；我們都可以擁有自己的情緒與需求，但也必須為自己的情緒與需求負起責任，而不是透過各種方式來控制、威脅對方，要別人來滿足我們。

情緒界限模糊的人，難以覺察自己的情緒從何而來，自己要為這些情緒負哪些責任。

因為缺乏自我覺察，所以可能會將情緒歸咎到外在世界；因為不清楚情緒的本質，所以會到處找其他人結盟，企圖要別人來為自己背書、壯聲勢。

舉例而言，這樣的人把汽車違規停在紅線上，被他人檢舉、拖吊後，卻抱怨檢舉人，抱怨拖吊大隊，抱怨世界不公不義，甚至PO文到臉書，希望得到同溫層的支持，他從來不會想到是自己違規在先，反而在心裡充滿對外界的憤怒。或者，即使發現自己有錯，還是硬要找個人來宣洩情緒。

為什麼釐清界限很重要？

在家庭當中，界限模糊的父母親可能會將自己的情緒以各種方式發洩在子女或伴侶身上，或是嚴厲要求子女達到某種成就，但這個成就可能是他們自己一直無法達到的，於是不自覺地透過子女來彌補自己內在的缺憾。

相對地，界限清楚的父母親能夠覺察自己的情緒，他們當然也會感到難受，希望有人可以來陪伴自己，或想要抒解情緒，但不會任意將伴侶和孩子作為發洩的對象。

界限清楚的父母親能夠覺察自己成長過程對自己的期待與缺憾，也能同時了解孩子有他們自己獨特的專長與個別需求，而不會以愛之名，將自己的價值觀強加在孩子身上，並責備孩子怎麼都不懂得父母親的苦心。

一個情緒界限清楚的人，能夠感受到自己內在的喜怒哀樂究竟因何而起、從何而來，所以不會將「我會＿＿＿＿，都是因為你」這種話掛在嘴邊。他們也能辨別某個衝突僅止於自己與某人的關係，而不會刻意將其他人拉進無關他們的情緒漩渦裡，然後無上限地渲染或攻擊對方。

想要判斷自己的界限清不清楚，最容易的方法是，當你發現自己不管什麼事情都會認為是別人的錯、是別人造成、是別人搞砸，自己絕對完美無缺，並且期待對方負起責任、向你道歉、滿足你的要求與期待的時候，請注意，你的界限很可能是模糊的。

有些人看到這裡，腦海裡也許已經「登！」地一聲有所頓悟：原來，**界限不只是與他人保持適當而健康的距離，它還有個更重要的意義是：個人與自己的關係。**

是的，沒有錯。

界限不清楚的人，一來缺乏對自我的覺察，二來也無法清楚分辨人我之間的分際，當然也就無法設身處地站在他人的位置替他人著想，或是同理他人。

別讓模糊的情緒界限壞了關係

我曾聽朋友提過他公司裡的某位主管，讓我印象相當深刻。

這位主管每次開會時，總要花上一個小時宣揚自己對公司的豐功偉業；凡是員工有不錯的業績或表現，他會用各種方式來表達那是因為他的提攜與指點；如果有員工開會時提出自己的想法，他就會怒不可遏，因為他覺得那位員工不懂他的智慧、不接受別人的想法；員工家裡出現一些狀況時，他會強勢命令對方該怎麼做，當然，他也會斥責那些沒有照他的意思去處理家務事的員工或朋友。

到後來，幾乎所有員工都盡可能避免與他接觸，原因很簡單：他不但涉入了別人的私領域，將自己的情緒投射到他人身上，混淆的界限也讓他總是以貶低他人的方式來建立自己的成就感。可以想見，身為他的家人、伴侶、孩子，應該也很辛苦且煎熬。

一個擁有清楚界限的人能夠與他人建立親密關係，也可以同時保有自己的隱私與空間。他可以關心對方，但不會過度涉入對方的生活，有意或無意地控制他人；他可以分辨自己與他人的情緒，而不容易受他人的影響。

清楚的界限，能讓我們為自己的言行負責任，不隨便將自己的情緒蔓延到他人身上；另一方面，也不會輕易讓別人的情緒影響我們，不隨意為別人的事情負起責任。

界限清楚並不是自私自利，更不是我們想像的什麼責任或利益都要斤斤計較。相反地，清楚的界限能讓我們在關係中不傷害別人，也懂得保護自己。

情緒覺察9

1. 界限是指，個人在心理層面能夠覺察自己的情緒和需求，也可以將自己與他人區分開來的一種抽象概念。
2. 每個人都可以擁有自己的情緒與需求，但也必須為自己負起責任，而不是透過各種方式控制、威脅對方來滿足自己。
3. 擁有清楚界限的人能與他人建立親密關係，也懂得保有自己的隱私與空間。他可以關心對方，但不會過度涉入對方的生活，或不自覺地控制他人；可以分辨自己與他人的情緒，而不容易受他人的影響。

十、欲速則不達

最熟悉的道路，未必通往最正確的方向；最習慣使用的思考模式，也可能將我們推入痛苦的深淵。

某次受邀到學校演講，講座主題是我自己寫的書的內容。但前一晚在準備講稿時，才發現手邊竟然找不到那本書，只好趕緊衝到住家附近的書店購買（去書店買自己的書有種很奇特的感覺）。

踏進書店，我熟練地走到心理勵志相關書籍的架子前很迅速地看了一輪，卻沒有如預期地看到自己的書。於是我從上到下、由左至右，以地毯式搜索的方式一本一本再次掃視，竟然都沒有看到。

「欸？我記得之前是放在這附近啊？」充滿困惑的我連同周圍的書架仔細地找了第三遍、第四遍，然後第五遍……結果還是，沒、有、找、到！

「登愣！」正當我一邊焦慮即將到來的演講會不會來不及準備時，一個聲音突然在我的耳邊響起：「難道是……被下架了？？？」

不得了！這道聲音一出現，我就像是被豢養的貓咪聽見主人開罐頭的鏗鏘聲，牢牢地被抓住了注意力。

緊接著，腦海開始飄過一片片烏雲，每一朵烏雲上都嵌著一句可怕的內容：

「天啊，這本書肯定是賣得很爛，才沒有被擺在架上。」

「如果這本書賣得很爛，內容應該也很不怎麼樣。」

「用一本不怎麼樣的書作為演講的內容，會有分享的價值嗎？」

「這樣子會不會太對不起主辦單位與滿心期待的聽眾呢？」

「完了，我講完這場之後一定會惡名遠播，從此結束心理師的生涯……」

正當我被腦海裡的烏雲雷電夾擊得體無完膚之際，一旁整理書籍的店員突然出現，用親切的口吻問：「先生，請問需要什麼協助嗎？」

我像是從夢境中被喚醒，困窘之餘，支支吾吾地說出書名。

「沒問題，稍等一下哦！」熱情的店員立刻小跑步到電腦前幫我查詢，一會兒，她抬起頭說：「先生不好意思，這本書昨天剛好賣掉唷。」

「剛好賣掉？」我很疑惑：「這本書……有在架上過嗎？」我暗自用指甲用力掐了一下自己的手，確定沒有聽錯店員說的話，以及眼前的店員是真人而不是幻覺。

大概是看我的神情有些懷疑，店員笑著說：「有啦，這本書從出版到現在，每次上架後很快就賣掉、補貨，然後又賣掉。」

「這樣呀？」雖然我表面強裝鎮定，但這句話猶如夏天裡沁涼的微風，不但讓我內心的風鈴敲出悅耳的鈴聲，也瞬間吹散了腦海中的大片烏雲。原本感到窒息的胸口，又得以呼吸到新鮮的空氣。

習慣性的「災難化思考」

我們在生活中少不了類似的經驗：針對某個訊息，很快就會聯想到不好的結果，或感受到不舒服的情緒。這樣不舒服的感覺可能會持續很久，直到某個關鍵的回應出現，例如：「我只是剛好離開位置，沒有及時回應你的訊息。你還好嗎？」「我前天嚴重感冒，所以才無法答應和你一起去逛街。要不要今天下班後一起去吃個飯呢？」累積在內心的壞情緒才像是被拔掉蓋子瞬間消掉，也同時灌進了不少好情緒。

接著，你在內心對自己說：「唉呀，原來都是我多想了呀！下次不要再這樣嚇自己了。」然後鬆了一口氣，露出欣慰的微笑。

但是，你可能沒有想過，不管你鬆了幾口氣，同樣的模式都可能會在你的生命中重複上演。

認知心理學家貝克（Aaron T. Beck,1921-）認為，這種未經求證就不由自主地往負面延伸的思考，通常有幾種特徵。我以上述自己的例子來做說明：

1. **【選擇性摘錄】對於整件事情只注意負面的部分**：明明出版社表示銷售情況還不錯，店員也說補貨好幾次，但我卻選擇只專注在「架上找不到我的書」這件事情上。

2. **【災難化思考】將擔心的事情誇大與渲染**：在未經確認的情況下，只透過少數線索做負向推敲，開始擔心：如果這本書賣這麼糟，是不是代表我的諮商也做得很爛？別人會不會覺得我只是一個空有外表卻沒有專業的心理師，從此沒有機構願意和我合作，然後淪落到露宿街頭？

3. **【獨斷推論】缺乏現實根據所做出來的推論**：書沒有放在架上，就心想：一定是出版社沒有努力幫我推廣、書局對我的封面有意見、店員覺得我的書沒人要買，所以懶得及時補貨。

4. **【過度類化】將某個負面的結果作為對其他事件的推論**：這本書如果賣得很糟，之後我的書大概也不可能暢銷，我看我還是盡早死了寫書、當作家這條心吧（我的天，想到這裡要不絕望都很難啊）。

不難發現，上述的思考模式都有一些共同點：**扭曲事實，迅速、自動且難以被個人覺察的災難化思考**。這樣的思考模式長久下來，很可能令人感到無力、挫折，進而攻擊自己，甚至陷入憂鬱的狀態。

如何破除「災難化思考」？

在實務經驗中，我發現許多來談者在人際互動或親密關係的相處上，經常會因為災難化的思考模式而讓自己身陷痛苦的情緒裡，甚而影響現實生活中與他人的互動品質。

最常引起災難化思考的情境像是：對話視窗裡的「已讀不回」、主管否決了自己的提議或請求、伴侶一個不經意的眼神、摯友最近減少約見面的頻率等。諸如此類情境一開始會令我們覺得困惑，接著就是焦慮、恐懼。因為我們不確定彼此之間是不是發生了什麼事情卻不自知？關係是否變了調？

一旦啟動了這種思考，我們甚至可以推論出上百種各式各樣充滿災難的結果，重點是，其中絕大部分可能都缺乏客觀事實的根據。

既然這些推論的基礎可能是主觀、偏差而虛假的，**要讓自己避免陷入這種痛苦的想像裡，就必須透過一些方式提醒自己暫停習以為常的思考模式，練習採用比較客觀的推論。**我以現代人最忌諱的「已讀不回」為例來說明：

- **【探尋替代性的解釋】拓展看事情的觀點**

當我們鑽牛角尖在某個觀點時，焦慮的感覺會持續升高，此時我們必須學習找到不同的可能性。例如：對方剛好有事要處理、覺得聊得差不多，暫時無須再回應、需要多一些時間思考或想要等到比較有空時再更完整地回應、網路突然中斷等各式各樣的可能性，而不只是一味地認為「對方不想理你」。

‧【參照過去例外經驗】找出曾經誤解的經驗

過去是否也曾對相關事件有災難化的推論，但最後發現是自己誤解？那時候令你擔心的原因是否跟這次一樣？事情後來如何演變？例如，經過多次的經驗，你發現好友是真的有事在忙而不是故意不回應，就能對自己說「看吧，人家是真的在忙，而不是不理我」。一旦你能辨識出當下的情境又跟以往曾經誤解的情境很相似，就能夠提醒自己避免一頭栽進災難的思考，也降低錯誤解釋的機會。

‧【縮小範圍，謹慎過濾】定義不同事情的重要性

透過不同角度的問句，幫助我們看見事情的更多層次，了解不是每件事情都同樣嚴重。例如，有時我們會誤以為每件事情的嚴重性都一樣，當你能進一步辨

別對於好友以外其他人的「已讀不回」，其實你沒有太大的情緒反應，下次當你在視框裡看到其他人已讀卻沒有回應時，就不會自動化地感到焦慮或生氣。

當然，並非所有我們想到的負面推論都是不正確的。有時在求證後，可能會發現的確發生了我們不樂見的狀況，像是別人不喜歡我們、自己搞砸了某些事情、面臨可能找不到解決方法的困境、無法有效地幫助身邊的人……

這些狀況都會讓我們很難受。不過，透過上述的練習，將有助於降低自動化與災難化思考對我們產生的影響，讓我們有機會停下腳步，更客觀地去審視哪些思考內容不合理，是否還有其他可能性，並且減少不舒服的情緒感受。

練習3　減少自動化與災難化的思考

以「好朋友拒絕我們的請求」為例。

1.【探尋替代性的解釋】拓展看事情的觀點：

他這次拒絕我，有可能是因為＿＿＿＿＿＿＿＿＿＿＿＿。

2.【參照過去例外經驗】找出曾經誤解的經驗：

過去他也曾拒絕我，不過不是討厭我，而是＿＿＿＿＿＿。

3.【縮小範圍，謹慎過濾】定義不同事情的重要性：這件事情只能由他來協助我才能完成嗎？如果他沒有答應這個請求，是否嚴重到代表他不在乎這段關係？他每件事情都拒絕我嗎？還是這次他真的有困難呢？

除了上述的例子，當然也可以從生活中找出實際的情境來練習哦！

情緒覺察10

1. 災難化思考會讓我們習慣（卻未必能覺察）將每件事情在經過求證之前，就迅速地做負向而扭曲的解讀，讓自己因而處在痛苦的情緒裡。
2. 災難化思考包括只注意整件事情的負向部分，將擔心的事情誇大與渲染，所做的推論缺乏事實的根據，以及將某個不好的結果作為對相關事件的推論等。

十一、凡事積極樂觀，身心永保健康？

你是否想過：很多時候，我們所謂正向的態度會不會只是一種用來逃避面對真實與痛苦的手段？

不知道從什麼時候開始，生活中有愈來愈多的老師、心靈成長書籍鼓勵我們要保持正向的心態，用正向的思考與價值觀來面對生命。好像透過我們自身心態的轉變，抱持正向的觀點，那些無法解決的問題就不會成為困住我們的痛苦情緒。彷彿維持正向心態就等於擁有身心健康。

於是，我們開始努力練習，習慣用所謂的正向觀點來面對生命中的每一件事情，尤其是與苦痛有關的部分。

我們經常用下列的方式來告訴別人或自己：

「我分手了。」

沒關係，好對象多的是，下一個會更好。

「我流產了。」

妳還年輕，再生就有了！

「我的存款被騙光了。」

不經一事，不長一智，就當作是花錢買經驗吧！

「我覺得生活很困難，我很憂鬱。」

世界上有很多人過得比你糟，你要惜福，想想自己擁有的已經比別人多很多。

「我曾經被最信任的人強暴……」

哎呀，人生的路還很長，想這些也無濟於事。忘記這些過去的事情，自然就會海闊天空。

如此「正向」的轉念，不外乎是期待正向觀點能帶來比較舒服的感受，讓自己活得更健康。只是，我們真的有因而變得更健康嗎？

這裡要強調的，並不是受了傷就一定要耽溺在負向的情緒裡才是「正常」，也不是正向的態度或情緒不好。保持正向的心理狀態當然很重要，但是，我們可曾想過，**很多時候所謂「正向」的態度，可能只是為了逃避難受的情緒？**

「正向思考」無敵？

遇到困境或受傷時，有各種負向的情緒感受本來就是正常的反應（如果感受不到自己的受傷與失落，才是需要擔心的現象）。**如果因為害怕面對生命中的困境、不公平、限制、生離死別、失敗或挫折等帶來的痛苦與難受，而告訴自己要「轉念」、要「正向」，那只是在逃避自己真實的情緒而已。**

幾年前，我曾經應朋友的邀請參加一個社團活動，裡面的夥伴都相當友善、溫暖。我其實是個對於陌生的社交情境容易感到焦慮的人，所以很少會主動去和不熟的人打招呼，但打從我進入這個聚會，許多人一見到我就熱情地招呼、自我介紹並邀我入座。由於一開始就知道這不是什麼直銷的課程，再加上看到大家如此友善，就漸漸降低了焦慮的感覺。

活動成員約莫二十人，課程開始，所有人圍成一個圓圈席地而坐，依照領導者的指令開始分享自己的近況。

然而，隨著活動的進行，我卻開始覺得有些奇怪。在這個聚會裡，每個人分享的都是生命中相當重大的創傷、挫折或失落的經驗，但是在這裡面卻聽不到任何抱怨、憤怒、哀傷等情緒。大家說的都是感謝——感謝那些人傷害我們；感謝生命遭遇這些痛苦；感謝失去，生命因而得以蛻變與成長。

最讓我難以理解的是，有位目測約與我同齡，也是第一次參加的女成員用氣憤的語氣哽咽道，她小時候曾遭繼父性侵，很長一段時間過得相當痛苦，前陣子又因為被同居男友嚴重家暴與性侵而住院治療。結果周圍的成員聽完，卻立刻鼓勵她要盡速跳脫被害者角色，要尊重生命的所有安排、感謝每一個經歷帶來的成長……

看著那位女成員訝異的表情和戛然而止的眼淚，我還來不及想像她聽到這些回饋之後的心情如何，發言權就在一陣掌聲中輪到了下一位成員。

「啊？我也要講嗎？」看著瞬間集中在我身上的眾多眼神，我有些焦慮。

成員們沒有說話，只是紛紛露出一抹好像訓練有素的微笑。我的背脊陡升一股涼意。要知道，團體本身是有力量的，它雖然不是一個真實的形體，不會開口對你說話，但團體成員共同散發出來的氛圍卻會以明示或暗示的方式，透露出對團體內成員的期待與行為舉止等。

這時，一開始覺得的友善，突然化成了一股壓力。

眾目睽睽下，我勉為其難說了一個關於小時候長期被班上同學排擠的經驗，並說：「到現在想起來還是會很生氣，根本不覺得這對我有什麼好處。」

話才講完，我立刻感受到周遭的氣氛變得相當緊張，就像有人講了什麼違反社會道德、大逆不道的話。

講師挺直了腰桿，深深吐了一口氣，接著緩緩說道：「你被卡住了。」

「啊？卡住了？卡在哪裡？」我困惑。

「所有的經驗都是愛的流動。你必須清理你自己，才能看清楚這些傷害你的人帶給你的禮物。這些愛的訊息你都還無法頓悟，也接收不到，難怪你只會感受到負向的經驗。」

成員聽了紛紛露出恍然大悟的表情，並且向我投以同情的眼神，只有我困惑的臉皺成一團。

不知道是不是看到我不太領情，講師又再次提醒大家，要學習看見負向經驗帶來的禮物，才能讓生活過得更美好。臨走之際，成員們踴躍地到櫃檯繳交下一期課程的學費，並預約之後上課的時間。

傷痛如何療癒？

療癒是必要的，而「跳脫被害者角色」也有助於我們長出面對困境的力量，但那些真實的情緒，卻不應該因此被忽略與否認。

我同意，在痛苦的經驗裡的確有值得我們學習的地方，而過度耽溺於負向情緒也可能讓我們缺乏動力與希望感。但是，人的情緒是真實的，再怎麼痛苦，都是反映出我們當下身心的狀態。如果我們逃避了這些真實的感受，我們也同時拋棄了覺察自我、靠近自我，乃至於真正療癒自我的機會。就像是治標而不治本，表面皮膚看似結痂癒合，傷口的內部卻持續發炎、潰爛。

我要說的是，只要不傷害別人、不傷害自己，不管你用哪種方式來療癒自己都值得被鼓勵。然而，**如果完全不正視那些令我們痛苦的事件，一味地壓抑、否認且不去接觸那些感受，而只用各種華麗口號來説服自己昇華這些痛苦的經驗，那只是一種逃避而已。**那些沒有被處理的苦痛，在生命中的歷程中很可能還是會一再地出現。

那個參加聚會的晚上，我的耳邊不斷重複著「給出愛」、「讓愛流動」、「接納」、「放下」等字眼，還有社團成員吟誦了整晚的歌曲旋律。至於到底要給出什麼愛？如何讓愛流進來？愛要流向哪裡？如何接納？如何放下？卻沒有人能說出個所以然。

喔，對了！那位大家循循善誘，要她心存感恩的女性，中場休息時間離開教室後就沒有再回來了。相當明智的選擇。

情緒覺察11

1. 如果逃避了內心的真實感受，我們也同時拋棄了覺察自我、靠近自我，乃至於真正療癒自我的機會。
2. 只要不傷害別人、不傷害自己，不管用什麼方式來療癒自己，都是值得鼓勵的。
3. 一味地壓抑與否認、不去接觸痛苦的感受，而總是用許多華麗口號來說服自己正向解讀這些痛苦經驗，很可能會扭曲或壓抑自己真實的感受。

Part 2

重新認識不為我們所愛的情緒

十二、一張名為「生氣」的面具

生氣是一張面具，戴上它，你可以擁有最大的好處就是：不必去面對自己的脆弱與痛苦。

哀傷治療大師庫伯勒．羅絲（Kübler-Ross,1926-2004）曾在《用心去活——生命的十五堂必修課》（*Life Lessons*）一書中提到，生氣往往只是一種表層的情緒，在這個情緒底下，其實還有許多沒有被辨識出來的情緒。這些沒有被清楚辨識的情緒，就這麼在我們的內心醞釀、攪和、衝撞，讓人感到不舒服，甚至影響我們的理性判斷。

生活中讓我們一開始感到生氣，接著卻又使我們為自己的憤怒感到困惑的例子，多到無法細數，其中像是：

・與親戚或朋友相約碰面，對方卻遲到時

我們會生氣：「拜託，居然遲到！會不會太沒品了？」但仔細想想，會發現自己的情緒不只是生氣這麼簡單，這裡頭其實還包括像是擔心對方是不是在路上遇到了意外，或害怕對方是因為不重視我們自己才故意遲到等情緒。

・與老師討論孩子的事情，或到公家機關申辦事務，卻不如預期順利時

我們會格外生氣，可能是因為在我們心裡，已預設了這些人是公家機關的員工，缺乏為民服務的熱忱、一副高高在上的姿態，還會指責我們。於是，為了避免被拒絕、潑冷水，便採取先發制人的態度，例如預先想好許多證明自己沒錯的理由，或是更凶悍的表達方式。

・重要他人沒能確切理解我們所說的話時

我們會莫名地惱怒。這很特別，當別人聽不清楚我們說的話時，通常只需再說一次，讓對方理解我們的想法就好了，這實在不是什麼值得生氣的事情。但是，對於重要他人無法聽清楚我們講的話，常常會讓我們很快地連結到對方「不

專心聽我說話」、「不理解我」，乃至於推導至可怕的結論：你不愛我。

遇到類似上述的情境，經過一番冷靜後，問問自己：我到底在氣什麼？剛剛真的有需要如此生氣嗎？我當下選擇生氣的目的是什麼？生氣真的可以達到我要的目的、滿足我的需求嗎？如果不行，為什麼我們會像自動化般跑出生氣的情緒？如果生氣可以滿足我們的某些需求，是不是也讓我們同時失去了什麼？

你可能會發現，其實剛剛也沒有必要發這麼大的脾氣。最糟糕的是，生了這場氣，原本想說的話不但沒有說清楚，還破壞了關係或氣氛，得鼓起勇氣去為自己剛剛的行為解釋或道歉。

生氣背後暗藏的情緒

看過上方的例子，不難發現生氣往往只是一種表層的情緒。在生氣的外衣底下，包裹的其實是各式各樣更深層的負向情緒，像是難過、失落、害怕、挫折、擔心、焦慮等等。**而這裡所說的「負向」情緒，不代表它就是不好或有錯的。**情緒本身沒有好壞對錯之分，只是因為上述這些情緒經常讓人感覺不舒服，因此在情緒的歸類方面，我們會習慣把它們歸納成「負向」的情緒。

這樣的歸納方式，其實也讓我們覺得這些情緒是不好的，應該要遠離或盡可能避免。例如：

「拜託！我一個大男人在大家面前掉眼淚，不好吧？」

「遇到這麼一點挫折就難過，你以為我是混假的嗎？」

「如果讓別人知道我害怕被責備，絕對會被朋友看不起。」

重點來了，既然情緒的種類不計其數，為什麼我們總是習慣指派生氣登場？我相信，人們做的每件事情大多朝「主觀上對自己有利」的方向前進；既然如此，我們總是選擇生氣，應該也代表有某種「好處」會伴隨生氣而來。

如同前面〈男人不許哭〉裡提到的，文化對於我們該如何表達情緒，雖然沒有明文規定，卻有很深的期待。因此，相較於表達出真正的情緒得提心吊膽會因此被嘲笑、批評、看不起，甚至丟了工作，選擇生氣似乎輕鬆多了，大不了被認為脾氣不好而已。

然而，那樣的生氣只是一種用來掩飾真實自我的面具，無法替代內在最真實

的情緒。

覺察——解放被文化禁錮的情緒

我很喜歡動畫《航海王》（One Piece）的主角魯夫，在他身上，我們不但能看到傳統文化所期待的，男性該有的堅毅和勇敢，同時也有真誠的特質：會因為挫折或分離而難過大哭；因為成功而開懷大笑；也會因為同伴被欺負而憤怒。雖然他表達情緒的方式總是很誇張，但至少能健康地表達自己當下的真實情緒，也不會將其他脆弱的情緒偽裝成生氣。

我常覺得，我們的環境對於情緒的規範是嚴格且不友善的，它逼著我們不得不戴上面具，從此壓抑內在的情感。我們因為拒絕真實的情緒而免於被環境懲罰，卻也因為得到環境的認可，而親手遺棄了自己最真實的感受。

被壓抑、被禁止表達的情緒，並不會因為我們用生氣去掩飾就煙消雲散。原本該要表達的悲傷、難過、挫折、害怕、擔心，少了眼淚、少了怒吼，可能會讓人以為自己把情緒控制得很好，但這些滿載的能量卻會轉化成其他形式壓迫我們，最終演變成身體與心理的各種症狀。

既然壓抑情緒很可能帶來負向的效果，而環境又不允許我們如實表達大部分的情緒，到底該怎麼辦？

改變現狀的第一步，永遠是從「覺察」開始：覺察自己是否正在使用生氣的面具，覺察這個面具底下的自己正在經歷怎樣的情緒，甚至覺察自己不敢把這些情緒表達出來，是在害怕什麼、擔心什麼？光是這樣的覺察，就能幫助我們更清楚地辨識自己的狀態。

透過自我覺察，可以避免經常陷入模糊或未知的情緒風暴，也可以更清楚自己是否正在壓抑或否認內在的情緒與感受。**一旦能覺察自己的情緒，知道自己正在用什麼方式因應情緒，就更有能力決定是否要繼續使用舊有的因應方式，或者，找尋更多元的方法來與情緒相處。**

情緒覺察12

1. 人們做的每件事都是朝對自己主觀有利的方向前進。既然總是選擇生氣，就代表有某種「好處」會伴隨著生氣而來。

2. 因為表達自己真正的情緒得提心吊膽會被嘲笑、批評，甚至丟了工作，所以選擇較輕鬆的方式——生氣。然而，生氣只是用來掩飾真實自我的面具，無法替代內在最真實的情緒。

3. 一旦能覺察自己的情緒，覺察自己正在用什麼方式因應情緒，就更有能力決定是否要繼續使用舊有的因應方式，或者，找尋更多元的方法來與自己的情緒相處。

十三、其實，你不是真的愛生氣

生氣，是理解一個人的最佳入口。那之中經常充滿許多混淆不清、難以說出口的情緒。

我常聽到國小、國中老師因為班上某個同學有「情緒障礙」的問題而感到困擾（甚至認為那是一種疾病），而且每當有一個人提起，辦公室裡其他老師的聲音就會如雨後春筍般一個個冒出來：「我們班也有！」「對啊，我們班那個某某某也是！」「吼~說到這個，我們班那個誰誰誰也這樣……」

問他們何以如此認為？從何評估與判斷？結果不管是在都市或鄉下，得到的答案都很雷同。其中像是「經常生氣，什麼事情都能生氣」、「地雷很多，爆點超低」等，只要孩子有類似的表現，就會被看成是衝動控制力偏低、情緒控管有障礙，才會「無所不氣」。

這……乍聽還真不知道該怎麼回應。是啊，一個人動不動就生氣，而且什麼都能氣，這不是情緒出了問題，不然是什麼問題？總不會有人天生下來就有個興趣叫「愛生氣」吧？

然而，一旦往這個方向思考，我們就會想弄清楚這究竟是什麼「症頭」？這種症狀的定義是什麼？有沒有什麼藥可醫治？講著講著，「愛生氣」好像就真的變成是一種疾病了。

且慢、且慢！

請先別急著從教科書尋找「情緒障礙」這個疾患到底有怎樣的定義。讓我們先想想：一個人為什麼要生氣？

會不會生氣也有某種功能，可以為他達成某種目的？如果「生氣」也是一種表達方式，那他到底想表達什麼？

孩子為什麼動不動就生氣？

分享一個我在諮商中遇過的案例。

大B是小學四年級的小男孩，皮膚黝黑、體型矮矮壯壯的，個性相當開朗。每次遠遠看到我機車滑進學校的車棚，他就會舉起短短胖胖的右手，一邊朝我衝來，然後大聲打招呼。

通常在跟兒童或青少年諮商前，我會習慣先看看個案的轉介資料表，並與他們的老師或家長談話，先從周圍的資料來了解環境如何看待這孩子，當作我認識他的參考之一（請注意，是「之一」而不是「唯一」，因為大人跟孩子看到的世界一定長得不一樣），而學校將大B轉介給我的原因是他很容易暴怒。

學生輔導的表格上標記著大B因為生理構造的問題，說話會有大舌頭的狀況，所以咬字不是很清楚。

「他講話發音模糊不清，而且缺乏耐性，有時候話講到一半莫名其妙就生氣了。」老師說。

「他跟他弟弟吼，個性天差地遠啦！人家弟弟個性溫和，有什麼話就慢慢講。他不是，講話攏黑白講，啊講沒幾句話就臭臉、轉頭不理人。」爸爸說。

雖然我對生理機制的了解相當有限，但收集到這些訊息，我的腦袋也浮現一個假設，決定在諮商初期再進一步觀察並試著核對。

與大Ｂ第一次見面時，我先自我介紹，接著問他的名字。大Ｂ迅速講了三個字，但我完全無法聽清楚那是什麼，於是請他再說一次。接著他立刻翻了個白眼，把頭撇到另一邊，看起來是不打算理我了。

看著不想說第二次的大Ｂ，我試著同理：「講話真的是很討人厭的事情，對嗎？每次都要解釋很多次，有時候別人還會笑你，感覺真的很不舒服。」

不知道是不是很少聽到有人這樣對自己說話，大Ｂ表情有些訝異，接著對我點點頭。

於是，我的腦海裡浮現了一個圖像：「說不清楚」與「生氣」之間如牢牢綁著一條鐵鍊般，密不可分。而我的直覺告訴我，大Ｂ的生氣並不是真正的生氣。攪和成一團的情緒就像胡亂打成泥的食材，賣相不好，也不美味，勉強塞進肚子裡會令人感到噁心且難以忍受。對於大Ｂ而言，這個生氣可能也是如此，他不清楚自己為什麼會生氣，只是感覺到內心總是有很多的不舒服。

那麼，我們就來看看大Ｂ的生氣到底是由什麼組成：

・挫折感

由於生理上的限制，大B無法清楚表達自己的想法，讓別人理解自己想說的話。這樣的挫敗經驗長時間累積後，會讓自己感到很挫折，也可能因此感到灰心、不想再努力解釋。

・自卑感

除了因無法清楚表達想法而感到挫折外，口齒不清也讓他成了被同學們取笑的對象，有時甚至連老師或父母都明顯失去耐心，去買東西時總被他人投以異樣眼光，讓他愈來愈不喜歡與人接觸。種種不愉快的經驗都讓他覺得受傷、感到自卑。

・缺乏適當的因應方式

大B無法改善生理機制對他在發音上的影響，周圍的大人們也無法有效協助他停止外在環境的不友善對待，使他在心中累積許多負面的情緒與壓力。

小小年紀的他，對於這樣的負向感受不知道該如何適當表達或發洩（發音不清楚的障礙又讓他再次感到挫折），因此只能依靠生物的本能，以生氣、攻擊的方式來抒發心裡的苦悶。

同理、陪伴，給予鼓勵

很多時候，我們以為自己是在生氣，但那可能只是內心未被清楚指認的情緒在作祟。

因此，想幫助大B，就必須看懂他生氣背後的脈絡，才能理解大B遇到的困境，並同理他所承受的挫折與壓力。否則，我們很快就會產生「這孩子真是沒耐性，話說不清楚，多說幾次就好啦！」「脾氣怎麼這麼不好？這有什麼好生氣的！」的想法。如此一來，只是再次複製大B挫折的經驗，還會拉遠彼此的距離。

在與大B諮商的過程中，我會試圖告訴他：

「我的確沒能一次聽清楚你告訴我的事情，但我不會因此責備或嘲笑你。」

「我需要你多說一次，請你幫助我更了解你的想法。」

「把話聽清楚也是我們該學習的部分，這不只是你的責任，更不是你的錯。」

若他願意再說一次，我會感謝他願意試著努力，而不是沒好氣地告訴他：「一開始就像這樣說清楚不就好了嗎？」

而我做的這些反應，其實，幾乎每個人都做得到。

挫折的心需要更多的理解與鼓勵，才能長出繼續挑戰的勇氣。心裡的感受被理解、陪伴，且覺得安全了，就不需要用生氣來偽裝自己的脆弱，用攻擊來發洩心中的苦悶。

情緒覺察13

1. 「生氣」是人們最常使用卻也最不受歡迎的情緒。對於生氣，我們有很多種標籤可以使用，然而一旦我們將生氣視為病態，很可能就會深信這個人「情緒一定有問題」，卻忘了去理解他為何而生氣。
2. 攪和成一團的情緒就像胡亂打成泥的食材，勉強塞進肚子裡會令人感到噁心且難以忍受。很多時候，我們以為自己是在生氣，但可能只是因為心裡未被清楚指認的情緒在作祟。
3. 生氣的背後，可能有挫折、自卑、無力或缺乏因應方式等各種可能，一旦被理解了，人就可以更清楚自己的內在狀態，並且試著用更適當的方式去因應。

被壓抑、被禁止表達的情緒，

並不會因為我們用生氣去掩飾就煙消雲散。

原本該要表達的悲傷、難過、挫折、害怕、擔心，

少了眼淚、少了怒吼，可能會讓人以為自己把情緒控制得很好，

但這些滿載的能量卻會轉化成其他形式壓迫我們。

SANTA CLAUS NORTH POLE

十四、正視恐懼，才能與恐懼相處

逃避並不可恥，偶一為之也很管用，但一味地逃避往往只會讓結果更糟糕。

一直以來，我都很害怕要站在講台上對著很多人說話。

有段記憶很深刻。國小時，學校設計了一個「三分鐘即席演講」的活動，每週三升旗典禮唱完國歌後，主任會臨時公布題目，再抽出某年級的某座號，被抽中的小朋友就要上台進行三分鐘的即席演講。這簡直是讓全校學生人心惶惶的整人活動。

每到星期三，一早我就開始手腳無力、沒胃口、頭暈、心悸，直到升旗典禮結束，這些症狀才會自動緩解。但再怎麼躲，該來的還是會來。

某次升旗典禮主任抽中我的座號，我像是即將被行刑的犯人，拖著沉重而顫抖的雙腳走上典禮台。

「各位校長、老師、同學，大家……」握著冰冷又沉重的麥克風，腦袋一片空白的我，除了發抖，什麼話也說不出來。看著台下黑壓壓的人群，不知怎地眼淚就奪眶而出。

呆站了半晌，主任大聲吼道：「校長只有一位！哪裡來的各位校長？」「有什麼好哭的？男孩子講個話哭什麼哭？」

透過擴音器，這句話清清楚楚迴盪在靜悄悄的操場上，站在台上的我聽了更害怕，雖然告訴自己不要哭，但眼淚還是不聽使喚地流下。

「好啦，下去啦！」主任看我大概也講不出什麼話來，不耐煩地說。隱約中，還聽見主任碎唸了一句：「丟人現眼。」並且夾雜台下同學們的笑聲。

後來是怎麼下台的，我自己也忘了，但是站在台上嚇得發愣的那一幕，一直深深烙印在我的心裡。或許是從那時開始，我像是被這份可怕的感覺牢牢制約[2]，每次要面對許多人說話的場合，我就會心悸、頭暈，並且手腳發軟。所以在求學過程中，我總是能閃就閃、能躲就躲，盡可能不當幹部，不參加社團活動，以免讓自己暴露在這種可怕的情境。

然而，害怕歸害怕，當了心理師，演講成了這個職業重要的工作方式之一。

接受挑戰，正面迎擊

每次在演講前，我都要花好大的心力來穩住那快爆炸的緊張，用各種方式讓主辦單位、台下的聽眾看不出我的害怕與發抖。

演講之於我，是很標準的趨避衝突[3]——推掉演講的邀約就等於拒絕優渥的演講費；接受邀約又得面對恐懼的情緒。不管做還是不做都難受。

直到某天，我與一位老師見面，她是國內相當知名的諮商心理師，經常橫跨兩岸三地工作與演講。聊天過程中，提及我至今對演講的恐懼，我請教她如何才能像她一樣克服緊張、自在地面對台下的聽眾。

她的回答卻出乎我意料：「我到現在還是會很緊張啊！」

「妳怎麼可能會緊張？」我驚訝地問。

「當然會啊！我也是人耶，怎麼可能不緊張！」她莞爾一笑。

我很困惑，演講這麼多年，看過這麼多大場面，照理應該可以很從容自在啊！

「你應該是覺得如果我會緊張，怎麼有辦法應付這麼多演講吧？」她看穿了我的疑惑，笑著說：

「緊張是很正常的反應啊，面對未知與挑戰，本來就會緊張。只是，對於這個緊張，我們是不是能做點什麼去與它相處？

「如果這個緊張已經讓你感到恐懼，那麼，或許可以聽聽看恐懼傳遞出了哪些聲音，說不定對你會有很大的幫助哦！」

哇！原來連身經百戰的老師也會緊張，而且她也認為緊張是再正常不過的事情。這時，我的心裡突然冒出一個聲音：「原來緊張是正常的！而且就算感到緊

2 制約，行為心理學的主要概念之一。指的是某個原本無關的刺激與反應經由學習產生了連結，當這個刺激出現，生物就會出現特定的反應。例如「一朝被蛇咬，十年怕草繩」，又如主人開罐頭發出的金屬聲音，會讓貓咪靠近主人身邊，準備享用大餐；街上汽車的喇叭聲會讓我們不自主心跳加快、提高警覺等。

3 在選擇時所遭遇的困境。意指人們在面對某件事情時，想要靠近卻同時也想逃避的內在衝突。例如：當他人對我們提出不合理請求時，我們既希望讓別人留下好印象，又不想勉為其難地答應。

張，也不代表我只能坐以待斃。」

以往對於讓我感到緊張的事情，我總是用拖延或逃避的方式處理，但是那些無法逃避的事情，我愈不去面對和準備，幾經拖延後都會換來愈糟糕的結果。

與其淹沒在緊張裡，不如盡力去準備、正面迎擊。

那一刻，我的心靈像是掙脫了桎梏，呼吸到充滿能量的新鮮空氣。於是我下定決心：未來兩年，除非時間不允許，否則只要跟心理相關的演講邀約，一概不能拒絕——不熟的主題就用功把它弄熟，原本就拿手的主題更要好好把握。

就這樣，在接下來的兩年內，我不知不覺累積了近百場演講，對象有家長、學生、老師、親子、新住民、老年人……，而且其中不乏合作後又再度來信邀約的學校與機構。除此之外，我也慢慢探索出自己演講的風格與步調，即使還是會緊張，但不至於影響工作表現。

面對困境，試著去因應與解決，會比逃避來得更實際。

當然，逃避並非只有壞處，我並不否定逃避的正面意義，因為那可以讓壓力得到暫時的抒解。負向的感受本來就會令人感到不舒服，有時面對巨大的壓力，短暫的逃避可以讓身、心得到適時的舒緩，重新擁有解決困境的能量。

從這個方向來看，逃避有時的確具有正向的效果。

但面對生活中許多不會自行消失的壓力事件，一味地逃避絕對不是根本的解決之道，有時候還可能因為一直逃避而錯失了解決問題的時機，讓事情變得更嚴重，結果當然只會讓自己感受到更大的壓力。

情緒覺察14

1. 逃避當然有好處，它可以讓我們暫時放鬆，重新累積面對恐懼或困境的能量。但一味地逃避，問題不會消失，還可能因此變得更嚴重。
2. 面對總是讓我們感到緊張或害怕的情境，試著覺察：總是讓自己在相似情境中感受到這些情緒的原因是什麼？這些情緒想要告訴我們什麼？
3. 與其淹沒在恐懼或焦慮裡，不如盡力去準備，鼓起勇氣正面迎擊。

十五、揭開控制的手法

恐懼是生物的本能，也經常與各種需求有關。如果無法認識自己的恐懼，就可能因為恐懼而做出非理性行為。

知名搖滾天團「X JAPAN」主唱TOSHI（本名出山利三，Toshimitsu Deyama）在自傳裡揭露，自己曾長時間遭受「Home of Heart」控制的血淚歷程[4]。很難想像，這位世界級的天團主唱，在每一場演唱會結束後不是享受熱烈的掌聲與歡呼，而是急著衝回「Home of Heart」的辦公室跪著懺悔、被毆打，並把所有收入拱手繳出。

TOSHI歷經母親、兄長與好友的背叛，在脆弱時遇見他的妻子（也是該集團的成員之一），受傷的他就像抓住了一根浮木，對她說的話深信不疑，也期待從中得到救贖。

殊不知，原本在親密關係中經歷的傷害與恐懼，將他推向另一段可怕的關係。

詐騙——恐懼的操弄

我相信，擁有和TOSHI相似遭遇的人一定不少。

如果認為恐懼頂多只會影響個人的心情，讓我們不敢去做某些事情，那就太小看恐懼的力量了。當恐懼潛入人際互動裡，很可能會成為一種充滿破壞力，同時侵蝕對方與自我價值的毒藥。

4 「Home of Heart」，由MASAYA為首腦的組織，他們以各種方式對成員進行洗腦。MASAYA不僅囚禁了許多婦女，與她們發生性行為，也透過威脅、恐嚇、詐騙等方式控制成員，獲得許多不法錢財，對許多成員的身心造成難以復原的傷害。詳細內容可參考TOSHI的著作《洗腦——X Japan主唱的邪教歷劫重生告白》（方智出版）。

在人類歷史上，大概從很早很早就開始有打著宗教或心靈教師的名號，四處斂財騙色的神棍。不同的只是隨著時代演變，他們使用的工具不同，手法也更複雜罷了。

很多人看到社會新聞中又有人被詐騙時，都會在電視機前搖頭嘆氣：「唉，這些人真是傻子，竟然這麼好騙？換成是我，絕對不可能上當。」「會被騙的，一定都沒念過書，不然就是很貪心。只有那種人才會上鉤。」

不過，事實證明，很多受騙者的學經歷顯赫，而且不一定都很貪婪。即便是平時對於詐騙人士保有戒心的人，還是可能陷入詐騙集團精心設置的陷阱。

如果以詐騙維生的人，利用的不單單是人們的無知或貪婪，那其中的關鍵到底是什麼？

我的發現是，想要操弄一個人，最有效的方式就是讓他感到恐懼。

為什麼人在恐懼當下，特別容易受他人操弄呢？

當一個人在面臨極度恐懼的瞬間，生物本能會使他的肢體與認知凍結，腦袋失去判斷的能力。所以當我們聽到電話那頭傳來親人正遭受綁架、有性命危險，或自己幾十年的積蓄可能毀於一旦的消息時，突如其來的驚嚇會讓我們像草原上的動物，在面臨被獵食的恐懼時，全身肌肉僵直，接著倒下、呈現偽死狀態以騙過那些只吃活體的獵食者。不幸的是，在這凍結的瞬間，認知也失去了判斷能力，為了求生存，我們可能會輕易接受對方開出來的任何條件。

這種詐騙行為還僅是用了恐懼對於人類影響的一小部分而已，有更多的有心人士會利用人類的恐懼來達到另一種目的——控制。

控制——全知全能的假象

控制與詐騙之間沒有絕對清楚的界線。雖然兩者都是利用某種手法來達到特定目的，但被詐騙者一旦發現不對勁就會盡量避免再陷入這樣的狀況，而大部分遭受控制的人，即便旁人極力點出矛盾或假象，仍舊死心塌地相信那場騙局。

事實上，有很多號稱大師或心靈導師的有心人士，經常會利用人性的脆弱，努力說服人們相信自己是沒有能力解決問題，沒有價值且孤單的，使得這個人最後也以負向與無能的觀點來看待自己。

一個人在孤立無助之際，便會希望能抓住浮木，找到一個可以依靠的依歸，

於是開始信服眼前這個看似全知全能的人——我們姑且稱這個人為「大師」。

大師通常會先告訴你，最近將會遇到大災難，或者點出你的生命陷入了某種困境，如果沒有人能夠給你指示，你就可能身陷麻煩，或者無法找到自己真正的天命。除非一開始就拒絕這套話術，否則你的恐懼應該會從這時候就開始被引發。

「唉，你其實很有天分，可惜沒遇到貴人，否則你的成就不應該只有這樣……」大師說。

聽到這句話，就會有人開始擔心起自己是否真的如對方所說，雖有天分卻未被開發，內心不免開始焦慮：「萬一我一直遇不到伯樂，會不會被埋沒在這廣大的世界裡，一輩子無所成就？」

「那怎麼辦？有什麼解救的方法嗎？」你焦急地抓著大師問。

這一問，正中大師下懷。

「你可以問某某，他成長之路相當坎坷、也曾經想要自殺，幸好遇見了我，幫他找到最真實的天命……」

大師轉頭看了你身邊那個不知什麼時候突然冒出來的人。是的，他正好就是大師口中那位找到天命那位某某。

「我真的很感謝大師願意點出我的盲點、指出一條光明路……」某某眼眶泛淚、真誠地說著。

這下子說服力可就不容小覷，因為奇蹟不是由大師自己說出，而是另有他人的見證。

「真的嗎？那我究竟該怎麼做呢？」看到眼前就有人因為信大師而得救，你更急著想知道方法。

既然是你「主動」開口求救，他們當然也就不用客氣了。許多「處方」紛紛出籠，舉凡各種套裝課程、稀奇古怪的商品都還只是小事，更可怕的可能還包括慫恿你竊取財物、與親人斷絕關係、做出失態的行為，乃至於傷害自己或他人。

「我已經給出最真摯的愛與建議，如果你不聽，我也很難幫你……」一旦你表現出猶豫的樣子，他們就會立刻推你一把，讓你不得不感受自己的處境有多麼岌岌可危，甚至為自己的猶豫不決感到羞愧自責。

此時，你的焦慮指數會急遽攀升，因為眼前就有能夠幫你化險為夷的機會，至於要不要「得救」，選擇權就在你手中。於是你開始投入時間、金錢、生命，將自己一步一步推入可怕的陷阱……

脫離充滿傷害的關係

生活當中有許多「如果你聽話，我就愛你」的關係形式。舉凡「如果你推廣我的理念，我就讓你留在我身邊」、「如果你只做我允許的工作，我就會認同你」、「如果你不順從我，你就無法成為我們的朋友」，很可能會用各種隱微的方式來恐嚇你：放棄你的某些想法與價值、交換條件，就能免於恐懼，才能夠得到愛。

TOSHI後來是如何脫離「Home of Heart」的控制呢？

長達十二年的歲月，他受盡了凌虐、散盡財產，終於看清楚自己所經歷的苦難不是愛，而是傷害。他看懂「Home of Heart」實際上充滿了控制、威脅與恐嚇（要是不聽我們的話，我們也幫不了你，要將你排拒在外讓你自生自滅），而這對於他原本在人際關係當中所遭遇的傷痛不但沒有幫助，還充滿了更多的傷害。

更重要的是，**TOSHI有勇氣正視並接納「是我所選擇的關係在迫害著自己」的事實，並認為自己有責任做些什麼來逃離這個多年的地獄**。

當他覺察到自己身處險境時，幸運地遇到了善良的三上先生與另一位充滿智慧的長者；他們關心他，鼓勵他勇敢地脫離現況，去完成自己的夢想，做自己認為對的事情。接著，TOSHI也勇敢地重新思考早年在親密關係當中所受到的傷害，了解他必須使用更健康的方式來為自己療傷。然後，他才決定召開記者會公布這十二年來的可怕生活，也意外地鼓勵了更多受害者浮出檯面。

恐懼，其實反映出我們內心最在意、最重視的部分；恐懼，也可能被我們的某些需求所牽繫著，若沒有好好地去檢視究竟是什麼引發了我們的恐懼，而只是急於脫離讓我們不舒服的感受，就很可能會在模糊的狀態下跳進另一段被傷害的關係、充滿危險的陷阱。

無論如何，請記得：**真正的愛無需理由，不需要交換條件，更不應該剝奪一個人的主體性。**下次當你發現自己在關係中出現類似的情況時，不如放慢腳步謹慎地思考。或許會讓你更清楚這種關係背後的目的，也避免讓自己因為恐懼而在關係中受到更多的傷害。

情緒覺察15

1. 當一個人面臨極度恐懼的瞬間，生物的本能會使他的肢體與認知凍結、腦袋失去判斷的能力。由於認知失去了判斷的能力，為求生存，就可能會輕易地接受對方所開出來的各種條件。

2. 想要脫離充滿傷害的關係，必須要有勇氣正視並接納「是自己所選擇的關係在迫害著我」的事實，承認自己有責任做些什麼來遠離這段關係。

3. 愛無需理由，不需要交換條件，更不應該剝奪一個人做選擇、感受真實情緒的權利。

十六、你，害怕拒絕別人嗎？

我們被愛，是因為我們本身就值得，而不是因為我們付出了多少勞力，或者如何委屈、犧牲自己。

多年前，有一部喜劇片《沒問題先生》（Yes Man），由金・凱瑞（Jim Carrey）飾演的主角艾倫在一個神奇的機緣下個性有了極大的轉變——不管別人提出什麼請求他都無條件答應（say yes）。這項改變立刻為他的生活帶來許多美好的回應，因為有求必應，所以大家都喜歡與他相處。

但是，這種生活模式也立刻為他帶來許多困擾，愈來愈多人將那些討人厭的事情交付給艾倫，請求他的幫忙，而他雖然內心不願意，卻無法開口拒絕。隨著充滿趣味又荒唐的劇情發展，他開始遇到許多衝突與矛盾，對自己與生命有了更多的理解，終於找到適合自己，且在工作與人際間達成平衡的生活方式。

電影呈現的方式固然令人捧腹大笑，然而在現實生活中，確實有很多人過著類似這種「無法不答應別人、不敢拒絕別人」的生活。幫助別人當然是好事，但是他們的生活一點都不有趣，而且還可能相當痛苦。

曾經有位前來尋求諮商的研究生，他的訴求是要討論時間管理的問題，他覺得自己經常因為時間分配不當、無法完成別人交代的工作而惹怒他人。我問他能否舉例說明？他說，他所屬的研究室團隊強調家庭的精神，指導教授像是父親，期待研究生之間像手足般彼此經常互相關心、互相幫忙。他很喜歡這樣的氛圍，覺得很溫暖、很有歸屬感。

說到這裡，他卻突然皺起眉頭。

他說，他開始遇到很多難以處理的情境，像是決定要幫女友慶生的當晚，教授要他去實驗室幫忙改作業；正在趕自己的論文進度時，教授要他去幫實驗室團隊買晚餐；節日想要回家陪陪父母親，教授卻召集大家要一起到他家大掃除、圍爐，給予彼此關心、塑造團隊凝聚力……家人、女友、朋友有時雖然也不開心，但還算能體諒，可是這樣的生活讓他愈來愈不舒服，卻又說不出個所以然。

「在這過程中，對你而言最困難的是什麼？」我問。

「我不知道實驗室的其他人是怎麼辦到的，他們好像總是能把時間安排好，做好教授指派的工作。」

「嗯，我覺得——」我才正要回應，他就打斷了我。

「老師，其實我之前已經有尋求過諮商了，」他繼續說，「我知道每個人一天都只有二十四小時可運用；如果要善用時間，就必須依據事情的重要性來排出處理的重要順序。」

「很好啊，你很清楚這一點。如果真的要排出重要性，你會怎麼排序呢？」我問。

「嗯，家人、女友、實驗室、朋友。」他說得很流暢，看起來早已思考過這問題。

「你都知道重要性，卻無法依此順序處理事情。」我看著他。

「我覺得對家人或女友很過意不去，如果時間可以更多一點，我應該就可以滿足大家……」他的語氣充滿了自責，似乎又陷入了無望的情緒當中。

像這樣，沒問題先生／女士總是不敢拒絕他人的要求，覺得自己有責任滿足他人的需求，把別人的需求看得比自己還要重要，好像無法滿足別人的要求，自己就是一個自私的人。

為什麼不敢拒絕？

親愛的讀者，你是否已經想到更好的方法來幫助這個認真、努力，卻總是覺得自己做得不好的大男生？教他平均分配時間給雙方？兩邊都拒絕、把時間留給自己？還是……用特異功能預支未來的時間？

我認為，真正的議題不在於時間管理，他的困難其實反映出「恐懼」背後的兩大內在議題：

第一，人類對於「權威」的敬畏。所謂的權威，在廣義上包括了資源、力量、年紀、體型、能力等比自己更有優勢的對象，但在生活中，權威尤指比自己地位、權力位階更高的人，像是老師、主管、父母親。

何以權威總是令我們感到恐懼？因為權威經常擁有某些控制或抉擇的權力，左右我們是不是能安穩地生活，所以我們對於權威總是感到戒慎恐懼。

對權威的恐懼，直接牽動著我們內在關於「生存」的需求。在原始生活裡，幼小的動物透過父母親的餵食得以存活，弱小的動物則必須謹慎保護自己，以免被體型或力氣比自己大的動物掠食。人類社會也不例外。我們透過服從（乖乖聽話），期待得到更多的照顧；也透過服從，避免丟掉賴以活口的飯碗。

第二，希望能被他人接納。人類無法脫離團體獨自生活，因此人際關係的經營，就成了生命歷程中相當重要的課題之一。

人在生理與安全的需求被滿足之後，會進一步希望能發展出歸屬感，期待自己被他人所接受。而在人際互動當中，拒絕幫助他人、他人有需求時不伸出援手，經常會被看成是不友善且自私的舉動。所以，為了不被他人厭惡而遭到排擠，即使我們缺乏意願，或真的另有重要的事情要做，還是會選擇委屈自己去幫助他人。

為什麼「被接納」對我們這麼重要？因為我們經由被接納、獲得歸屬，來滿足內在那一份期待被愛的需求。

從小，為了得到關愛，我們努力完成父母交辦的家事、老師指派的作業、同學委託的協助，乃至於成年以後，**已經習慣透過付出勞力來獲得關愛的我們，仍持續透過滿足他人的需求來交換被愛的感覺。於是，我們在腦袋裡建立了「要得到別人的愛↓不得拒絕別人↓寧可犧牲自己、滿足別人」的連結。**

對這位研究生而言，雖然表面上看起來是苦於無法同時滿足實驗室與親友兩邊的期待，其實最令他痛苦的，是自己內在害怕被教授批判、被踢出實驗室，也擔心拒絕了某一方，就會被排擠、不被喜愛的恐懼。

拒絕的勇氣

對於權威的恐懼，我們並不是要全面消除（這困難度很高），而是學習覺察這份恐懼如何影響自己，以及如何與權威對話。

對一個已經上大學或進入職場的成年人而言，不僅是法律賦予更多的自由與權利，自己也可以透過成熟的思考與判斷，用適當的方式與父母親、主管溝通彼此的想法，而不是放任自己非理性地想像這些代表權威的人會對自己做出攻擊或傷害的舉動。

至於「一定要幫助他人才能得到的愛」，其實是充滿條件交換與勒索的愛。一個成熟而穩定的人，不但能從內在培養愛自己的能力，也可以在生活中建立起健康的關係，而非充滿勒索與被勒索的親情、愛情與友誼。

請記得，**我們被愛，是因為我們本身就值得，而不是因為我們付出了多少勞力，或如何委屈自己。**

實驗室團隊的要求合不合理我不便評論，或許他拒絕了教授也可能真的會被踢出實驗室團隊，因而影響了論文進度。但是，人在成長的過程中本來就該學習覺察自己的需求，學習拒絕，學習為自己做決定，並且勇敢地為這些決定負起責任。

人不可能每一件事情總是面面俱到，重點是，**要能夠探索、發現自己真正重視的價值，並且敢於為了捍衛這些價值而付出某些犧牲、學習找到更適當地拒絕別人的方式。**

如果你已經厭倦了收集「好人卡」，如果你不想總是犧牲自己來成全別人，卻又苦於不敢或不知道如何拒絕別人的請求或侵犯，可以參考練習7（P.241），學習在必要的時刻保護自己，長出拒絕他人的勇氣。

情緒覺察16

1. 權威經常擁有某些控制或抉擇的權力，左右我們是不是能安穩地生活，所以我們對於權威總是感到戒慎恐懼。
2. 已經習慣透過付出勞力來獲得關愛的我們，在腦袋裡建立了「要得到別人的愛↓不得拒絕別人↓寧可犧牲自己」這種「交換利益來獲取關愛」的連結。以至於我們因為害怕無法得到他人的愛，而不敢拒絕別人。
3. 要脫離這種交換式的關係，必須練習探索、發現自己真正重視的價值，並且敢於為了捍衛這些價值而付出某些犧牲，學習找到更適當的拒絕別人的方式。

十七、覺察忌妒背後的力量

若缺乏覺察，忌妒的火種一旦被點燃，火勢可能以失控的姿態蔓延，因而做出攻擊自己或他人的行為。

我的高中生活過得非常痛苦，表面上是因為升學壓力，說穿了，是因為自己對分數極度鑽牛角尖，經常為了考卷上幾分的差距，不惜跟老師、同學爭得頭破血流。

高二時，班上轉來一位新同學，教地理的導師在介紹他的時候特別提到他的地理成績很優異，要我們向他看齊。這讓坐在台下的我很不是滋味，心裡忿忿不平：「憑什麼你才剛來就被導師肯定？」莫名升起的焦慮帶來了不舒服，卻又不知該如何抒發，我竟開始造謠，逢人就說他的壞話。

直到某天，有個同學聽到我又在背後中傷轉學生，相當不以為然地對我嗆聲：「夠了吧？人家新來的成績好到底哪裡惹到你？幹麼一直找人家麻煩？」當頭棒喝般，我這才驚覺自己正在做一件連自己都很討厭的事。

震驚之餘，也陷入了困惑：「我怎麼會變成這樣？我是怎麼了？」

忌妒——隱晦難辨的情緒

情緒是有層次的，有些情緒顯而易見，有些情緒隱晦難辨；有些情緒能夠直接表達出我們的內在狀態，有些則隱藏了更多其他的訊息。

想像有一條道路可以通往內在的情緒，在這條道路兩旁，最先迎面而來且曝光度最高的看板，一定少不了快樂、生氣、難過。這些是人們最容易感受到的情緒。

繼續往下走，原本廣闊平整的道路愈來愈狹窄，這時路邊已見不到偌大的看板，取代而之的是不起眼的小標示，上面可能寫著失落、孤獨、悲傷、挫折、後悔等，這類在生活中不易被辨識出來，卻經常令我們感到難受的情緒經驗。

隨著情緒辨識的難度提升，眼前的道路也愈來愈崎嶇且布滿石塊與荊棘。終於，周圍漸漸暗了下來，你走進了沒有亮光的荒地。這裡人煙鮮少、雜草蔓延，除了黑暗，你不太確定在這裡還能看到什麼。

無意間，你彷彿踢到了地上某個堅硬的東西。你蹲下身子，搬開石頭，定睛一看，是個小小的箱子。你遍尋不著箱子的開關，卻又好奇裡頭究竟是什麼，於是你用各種方式，費盡力氣想打開它卻都失敗。你只好放棄，掉頭走回原本寬闊明亮的地方。

就在你轉身離開後，背後那只放置在黑暗中的寶盒的上蓋，卻不知何時悄悄地掀開了，在黑暗中露出一雙詭異的眼睛，竊竊地笑著……

這就是人們內在最隱晦、最難以辨識，但威力最不容小覷的情緒之一——「忌妒」（jealousy）。

是羨慕，還是忌妒？

舉凡古老的童話故事、鄉野傳說，或者歷史事件，都不難見到忌妒的身影：

白雪公主與灰姑娘裡城府極深的繼母、三國演義裡的周瑜之於孔明、偶像劇裡的大反派……在現實世界裡，忌妒並不是壞人的象徵，一個人未必會因為忌妒就去傷害別人。但若我們無法覺察自己的忌妒，或總是透過否認的方式來面對，就難免受到伴隨著忌妒而來的不舒服影響。

忌妒的發生，經常是透過跟他人比較而來。

跟誰比？

通常是跟自己「主觀」認為的、想像中的，比自己優秀、有能力、有資源或權力的人比。

比較，是一種很主觀的動作，被你拿來做比較的對象，不見得別人也會這麼做；別人用來比較的對象，或許你根本興趣缺缺。甚或，今天你拿某個人來比較，過了幾年，可能連你自己都一頭霧水，不懂當時為什麼如此在意這個人，這麼喜歡拿他來跟自己比較。

在談忌妒之前，我們有必要先簡單談談一個容易與忌妒混為一談的情緒——羨慕（envy）。與忌妒相似的是，羨慕同樣是透過與他人比較而來，然而，**羨慕的情緒不會伴隨著攻擊與批評，而是用欣賞與讚賞的態度來看待對方身上的優點**

或資源。雖然同樣是從比較的觀點來凸顯雙方的差異，有時也可能會有競爭的味道，但那卻不是瑜亮情結，而是英雄惜英雄的氣概。

忌妒本身是一種情緒，也是一種內在動力。其與羨慕之間最大的差異在於，當你感受到內在的情緒時，選擇用怎樣的觀點去看待，及用什麼方式去因應。

舉個例子，我有幾位同為心理師的工作夥伴兼好友，彼此在專業上有著不同的專長，有的擅長家族治療，有的專精伴侶諮商，有的則是長年專研於藝術治療。每次聚在一起討論案例時，他們總是能透過自身的專長幫助我看到我在專業工作上的盲點。

我很敬佩，也很羨慕他們能在各自的領域如此卓越，但不會因而貶低自己、攻擊對方。相反地，因為想要向他們看齊，所以這份羨慕也會轉化成督促自己持續精進的動力。

相較於羨慕，忌妒是一種惡性的比較。我們心裡雖然想像著「如果可以是我，那該有多好？」但是，我們未必是想透過努力來獲得或成長些什麼，只是純粹覺得不平、不服氣：「憑什麼是你，不是我？」

這世界上人類的數量何其多，每個人都有不同的條件、特色、專長，出身背景也可能天差地遠。如果每件事情都要比較，不僅比不完，還會讓自己相當挫折（正所謂人比人，氣死人）。

然而，大部分的人都不會覺察到自己是在忌妒。我們寧可選擇認為別人在臉書分享的成就是種不折不扣的炫耀，別人的成功總是勝之不武，全世界的富人都是靠爸一族或者手段卑鄙……總之，別人的好都不是真正的好，「換作是我，如果能有同樣的背景，肯定也是成就非凡。」

忌妒的火種一旦被點燃了，如果缺乏覺察，就可能像乾燥的草原被放了一把火，火勢將會失控蔓延，許多破壞性的思考或行為也可能隨之而來：「嘖，賺這麼多錢，是要拿去看醫生嗎？」「我就要故意說你壞話，看你的人緣還能好多久？」「我得不到的幸福，別人也休想擁有！」彷彿詛咒了對方，消滅了對方，就不再「不公平」，心裡也能舒坦許多。

實情是，世界上根本沒有所謂「真正的公平」，你認為的公平，對某些人而言可能是一種迫害；你認為的迫害，卻可能為某些人帶來利益……既然如此，我們到底該如何與忌妒相處？如何避免忌妒的力量驅使我們做出破壞的行為呢？在下一篇文章裡，或許能找到面對的方法。

情緒覺察17

1. 忌妒本身只是一種情緒，一種內在的動力，所以沒有好壞與對錯。但若我們無法覺察自己的忌妒，或者總是透過否認的方式來面對，就難免受到伴隨著忌妒而來的不舒服影響。
2. 忌妒的火種一旦被點燃了，如果缺乏覺察，就可能像乾燥的草原被放了一把火，火勢將會失控蔓延，許多破壞性的思考或行為也可能隨之而來。

相較於羨慕，忌妒是一種惡性的比較。

我們心裡雖然想像著「如果可以是我，那該有多好？」

但是，我們未必是想透過努力來獲得或成長些什麼，

只是純粹覺得不平、不服氣：「憑什麼是你，不是我？」

LIVE FOR NOW
THURSDAYS 9|8c
TALIBAN ATTACK NEAR KABUL AIRPORT
U.S. OPEN PAIRING CHALLENGE
ESPN
FRESH FISH
SMOKED FISH
GEFILTE FISH
FROZEN FISH
HERRING • DIPS
SALADS
877-GEFILTE

十八、自卑，讓人喪失欣賞的能力

人們面對比較時，心裡所想的從來都不是「客觀」覺得自己不錯，而是「主觀」認為自己總是不夠好。

為了討論如何避免自己莫名受到忌妒的影響，我們來聊聊電影《三個傻瓜》裡的主角和反派。

這部電影的背景發生在印度帝國理工大學。能進到這所學校的，基本上都是資賦優異的學生。主角藍丘擁有天才般的資質，他喜歡打破傳統規則，創造有趣而貼近生活的方式靈活學習。雖然在教授眼中，他是個不折不扣的討厭鬼，但是每次考試藍丘總是名列前茅。至於反派角色查托，從小就擅長用死讀硬背的方式把所有內容一字不漏、照本宣科地背下來，為了確保自己能在考試中擊敗其他對手，還會花費許多力氣去做干擾其他同學念書的行為（例如在大考前，從每一道房門塞進色情雜誌，擾亂同學的注意力）。但不管怎樣，他的成績總是全校第二——是的，屈居於藍丘之後。

習慣競爭、重視排名的查托很討厭不守規則、看起來不務正業，卻總是排名全校第一的藍丘。從求學到工作的歷程，他不斷將藍丘當作想像中一定要打敗的目標。畢業多年後，事業有成的查托因為得到一筆大訂單，想向藍丘炫耀。幾經波折找到藍丘後才發現，這筆訂單的老闆竟然就是藍丘本人。當下他頭暈目眩、手忙腳亂，彷彿完全失去了方寸。

讓我們在這裡停下來思考一下。

無庸置疑地，能進到這所學校的學生都是來自印度甚至各國最頂尖的人才，藍丘是，另外兩位主角是，查托當然也是。他們各有各的專長與優異天賦，在比較時難免會有勝負之分。但是客觀來看，畢業後他們在各自領域裡應該都能有很好的發展，既然如此，查托為何需要為了排名如此處心積慮？

答案是，因為他忌妒藍丘的天分。

忌妒，來自脆弱的自信心

「忌妒」是由各種情緒組合而成的複雜內在動力，在它底下的情緒，可能包含生氣、害怕與質疑。

為什麼會是這些情緒？還記得上一篇文章所講的，忌妒之所以會產生，經常是我們自己透過與別人比較而來——比外表，比能力，比考試分數，比身家背景……任何你所想得到的，都會有人拿來做比較。

比輸了，你憎恨對方、責怪自己；比贏了，你得到短暫的成就與喜悅，但過不了多久，這份喜悅就如曇花一現般消失殆盡，接著你又開始擔心下一次的結果是否也能稱心如意，並且對這一切感到懷疑。然後，再次陷入無止境的與他人的比較漩渦裡……

別懷疑，**無論比較的結果如何，那都只是一種假象**。因為真正的你早就已經輸了，輸在你一次又一次將自己推入痛苦的深淵裡。

困住你的，從來都不是別人，而是你自己。

我們花了很多力氣責備自己、攻擊別人，懷疑眼前的所見所聞，最終目的，其實是要安撫自己那微小而脆弱的自信心。因此，忌妒最令人感到不舒服的部分，就是要去面對「自己的內在其實很自卑也很匱乏」的事實。

在自卑裡茁壯

人們面對比較時，心裡想的從來就不是「客觀」覺得自己不錯，而是「主觀」覺得自己總是不夠好。

而這個總是認定自己不夠好的傾向，就來自於「自卑」（inferiority）。阿德勒（Alfred Adler,1870-1937）認為，自卑是所有人類普遍的內在狀態，人們在襁褓時期幾乎沒有照顧與保護自己的能力，只能等待大人來餵養，然後看著他們離開——即使尚未得到滿足也無力阻止。於是，我們從這一刻就開始感受到最原初的自卑。

接著在成長的過程中，我們面臨更多的競爭與挑戰，在失敗中感受到自己的力有未逮，感知到不是每一個夢想最終都能實現。於是，我們開始遇見自己的限制，發現自己不管怎麼用力，都會有人跑在前方，而我們也未必都能如願到達目的地。

我們有缺陷，在某些方面能力不足，於是我們持續感到自卑。

然而，阿德勒不是要強調自卑讓人陷入無止境的痛苦深淵；相反地，他認為自卑是讓人能夠繼續努力的動力。人們因為不滿於自卑的狀態而努力克服自卑，讓自己超越自己，成為自己更喜歡的樣子。

所以，**重點在於如何超越自我，而不是跟別人比較。**

可惜我們已經習慣了生活當中不勝枚舉的比較：小時候比考試成績，比身高，比才藝，比家庭經濟能力；長大以後比車子、房子、薪資；老了比退休金，比孩子的成就，比安養晚年的方式……尤有甚之，連棺材都要比材質與設計感（天啊，燒成灰燼以後還有誰能辨識得出來？）。

別人拿我們做比較，我們也拿自己跟別人比較。我們一輩子都在比，因著自卑而不斷與外在比較。然而，「基金投資有賺有賠」，「比較」也是如此。**只要有比較就會有勝負與得失，因此，你不但無法在比較中真正克服內在的自卑，還可能因為比較而讓自己更加地自卑，進而感到內在的空虛與匱乏。**

很多人隨著年紀增長，愈來愈喜歡拿自己的成就來歌功頌德，他們不只期待他人的熱烈掌聲，也忌諱那些開始嶄露頭角的晚輩，甚至大肆撻伐與他們在同領域有所貢獻的人。這樣的人當然容易惹人討厭，因為大家會覺得他們太過自大。但是請記得，**在那膨脹的自我背後，其實是比誰都畏縮的自卑在作祟。**

一個能正視並接納自己內在的自卑，懂得與自卑相處，知道如何克服自卑的人，根本不需要透過與他人比較來彰顯自己的價值，也不用藉由忌妒他人來平衡自己內在的不舒服。**因為他了解自己的自卑，所以懂得看見自己的價值；也因為他懂得欣賞自己、肯定自己，所以看待他人的眼光也總是能夠帶著欣賞與鼓勵。**

這樣的人因為總是以欣賞的眼光看自己與他人，內心是豐富而踏實的。他不但能欣賞自己的限制與獨特，也能為這個世界注入美好的能量。

情緒覺察18

1. 只要有比較就會有勝負與得失，因此你不但無法在比較中真正克服內在的自卑，還可能因為比較而讓自己更加地自卑。
2. 自卑固然令人難受，但這份難受也同時是推動人們努力前進、克服困難、超越自我的動力。

3. 一個能接納自己內在的自卑，與自卑相處，知道如何克服自卑的人，不需要透過與他人比較才能彰顯自己的價值，也不用藉由忌妒他人來平衡自己內在的不舒服。

十九、一觸即破的泡泡

當現實與理想有所差距，失落就會油然而生。正視並接納這種差距的存在，就能減少失落帶來的難受。

我有位結識多年的好友，他是一個幽默風趣、溫柔體貼，且相當聰明的男性，不僅交遊廣闊，也很懂得享受生活。讓大家不解的是，年過四十的他身邊卻總是少一個伴。

某次和他泡茶聊天時提到這件事，他自己也很困惑，每次剛認識一個女生他都覺得對方很好，也期待關係能有機會進一步昇華。但只要認識了一段時間，他就會開始覺得對方的缺點愈來愈多，彼此的行為模式差異漸漸擴大，價值觀也像是兩條碰不著邊的平行線。接著，就不由自主地想跟對方保持距離。

「我也不是故意的，但常常認識一段時間後，我就會莫名其妙地一直注意對方的缺點，然後就不想繼續跟她有接觸。

「不過，我覺得自己應該有滿大的問題，這樣下去真的不知道該怎麼辦才好。」他深深嘆了一口氣。

現實與理想的落差

個人中心學派的創始者羅傑斯（Carl Rogers,1902-1987）認為，**當一個人的「現實我」與「理想我」出現落差時，內在就會因為失衡而感到不舒服。**

這種不舒服的感覺，其實就是「失落」。簡單而言，失落的產生是因為事實不如自己的想像，或者不及自己的期待而感到難受。

所謂「現實我」，是指一個人當下最真實的樣貌，包括與生俱來的各種特質、能力、限制與喜好等。

「理想我」則是個人期待自己能夠成為的樣子，這個期待可能出於個人的渴望，也可能來自周遭環境、家庭教育、文化氛圍所認同的主流價值，例如男生要讀理工科系，女生適合當護士或幼教老師，長子必須勇敢而堅強，長女要扮演類似母親照顧家庭的角色，月薪五萬元以上才是有價值的工作，對父母的所有要求與安排絕對服從才是孝順等。「理想我」與一個人與生俱來的樣子無關，它重視的是被主流社會所認可的價值。

你是否活在他人的期待中？

一個人若活在「唯有達到某些標準才叫有價值」的世界裡，會過得相當辛苦。即使現在僥倖通過了某個標準，生活中也還有千千萬萬種標準等著你去跨越；若哪天無法通過標準，就可能掉入痛苦的泥淖裡。

人往往因為「現實我」不及「理想我」而感到無力，覺得愧對他人，最後認為自己是沒有價值的。

考生因為成績不如期待而挫折；病人因為身體狀況不如自己所預期而無力；婚姻不若想像中的美好；收入無法令自己滿意；工作多年卻未能如期待的被升

遷……這種因為無法達到某種標準而發生於個人內在的失落，在每年的農曆過年、家族團圓前後往往會到達最高峰。

對許多家族而言，過年就是各種比較的殘酷舞台，每被「關心」一次學歷、收入、婚姻、房子、車子，都是一種失落被放大強調的難堪。很多人想到接連幾天都要面對這種殘酷的對待，甚至會出現失眠、缺乏食欲、緊張焦慮、情緒低落等症狀（我將這樣的現象稱為「春節返鄉恐懼症」）。

其實，當想像與現實有所落差時，失落的產生本來就是正常的現象。重點是，我們可以如何與這個失落相處，才不會因為失落而這麼不舒服？或者，如何減少失落的頻率與強度？

對多數人而言，設定目標後努力達成似乎是很理所當然的事情，彷彿設定愈多目標，代表自己愈積極；達成的目標愈多，意味著自己愈有成就。但你是否思考過，這些自己努力去達成的目標，是自己想要的，還是來自父母、伴侶的想要？是社會的期待，還是誰的期待？

如果你的付出無法滿足自己的需求，那犧牲寶貴的時間、拚了命地去追尋，究竟是為了什麼？如果無法覺察「現實我」的樣貌，不清楚「理想我」究竟從何建構而來，那麼，在這些財富與成就的背後，可能暗藏許多空虛；也可能在生命中經常因缺乏意義感而感到失落。

活在這世界上，必然得與這世界的遊戲規則有所妥協。在社會主流價值與期待之下符合某些標準，的確可以擁有更多生存的資源、更好的生活品質，或者得到更多的價值與成就感。

但在這套規則之外，你是否也能辨識自己的本質是什麼？

不管我們現在過的生活、做的工作是不是自己喜歡的，若能了解自己的能力與特質、建立自己的興趣，並漸漸了解自己生命的意義，就不會這麼容易被他人的期待和比較影響，因為我們已清楚知道自己要的是什麼，以及什麼才是真正重要的。

為什麼他／她跟我想的不一樣？

失落不只是發生在個人的內在世界，它也經常在關係中對彼此互動造成莫大的影響。

有句高居分手三大原因、歷久彌新的名言：「因為相愛在一起，因為了解而分開。」很多人深信，關係之所以會變質，是因為彼此的態度或價值觀不同、生活方式迥異。這些差異會帶來許多摩擦與衝突，每天互看對方不順眼，到最後當然會分手——聽起來好像很有道理，但我認為這樣的說法還不夠細緻。

差異的確會造成彼此的衝突，但是真正讓關係開始變化的癥結點，其實還是失落的感受。

關係中的失落，經常是因為認知到「彼此之間有所差異」，知道對方真正的樣貌並非全然如我們一開始的想像（原來對方也有自私的一面，有害怕的東西，會貪小便宜或無緣無故生氣等），這些發現都會讓我們感覺對方不如我們原先所期待。

有位藝人在電視節目中分享自己的婚姻生活時，打趣地形容關係的演變是「遠看像朵花，近看我的媽！」意思是起初的陌生讓人產生許多美好的遐想，拉近了距離後，卻逐漸發現這個美好不過是一幅虛幻的假象。

在關係的初期，我們經常會把自己的想像套用在對方身上，將對方理想化，認為對方就是我們心中所期待的那般充滿優點、完美無瑕。而這種猶如柔焦唯美的樣貌，當然是我們根據自己的想像所編織出來的，而且可能相當主觀且偏離現實。

我那位好友的嘆氣，嘆的不僅是自己不若自己的期待，也嘆對方不如自己所想。**之所以有這股失落，正是因為我們經常活在想像的世界中，而不是現實的當下。**想像的世界就泡泡一樣，雖然夢幻但也極端脆弱，一旦破裂了，我們就會從幻想中重重摔落。

容許異己，接納差異

很少有人聲稱自己完全了解生命的意義，因為那是一件極其困難的任務。但是，**只要能理解每個人都是特別的，都有屬於自己的個別性，就能減少在關係中把自己的想像套在對方身上，用自己的生活方式來規範對方，或要求對方滿足我們的期待與需求。**

我們與他人當朋友或談戀愛，真正的對象是對方這個獨一無二的個體，而不是自己的幻想。如果在你眼中，與你不同的都是差異，那麼在他人眼中，你也只是其中一個差異。

人們對於差異總是先感到害怕，且為了保護自己，可能透過攻擊、消滅或逃離差異來讓自己感到安全。然而，世界上的每個人都不同，所以差異的存在也是必然的。人們會因為不同的特質而激盪出不同的火花；會找到與自己契合的人，也會有看不順眼的死對頭；會遭遇無法理解的人，也可能遇到無話不談的心靈伴侶。

每一個差異都是生命中美好的遇見，都有特別的意義。若能如是欣賞生命，就不至於經常在生活中對自己或者對關係感到失落。帶著欣賞的眼光看待生活中的差異，你會發現，世界因為這些差異而變得更多樣、更美好。

情緒覺察19

1. 當現實與期待有所落差時，失落的出現本來就是正常的現象。重點是，這些期待究竟是你真正想要的？還是別人給予的期許？
2. 活在「唯有達到某些標準才叫有價值」的世界裡，會過得相當辛苦。因為即便費盡心力達到了某些成就，生活中還有千千萬萬個成就等著你去達成。
3. 每個人都有屬於自己獨特的生命意義和生活目標，無須透過比較來建立自己的價值，也無須在比較當中感到失落。

二十、揪出憂鬱背後的魔鬼

「好，還要更好」的信念驅策我們更加努力地扮演更好的人。然而，這個「好」，由誰來決定？

某次和一對結婚多年的夫妻談話，我請他們互相猜猜對方對自己的期待是什麼，然後把答案寫在紙上。先生想了一會兒，寫下：「努力晉升、得到更高的薪資。」太太則是：「照顧好孩子，不要讓學校總是打電話回家抱怨；學一些新的菜色，否則天天都吃同樣的東西，不膩嗎？」答案揭曉時，雙方面面相覷，異口同聲地說道：「哪是啊！」

太太驚訝回應：「我不是說過很多次嗎？你的薪水已經很不錯了，我希望你可以不用常常加班、有健康的身體，我們也可以多一點時間相處啊。」

先生不解地說：「帶孩子很辛苦，可以的話買外面的食物也可以，而且我也從來沒有嫌過妳煮的菜呀！」

兩張紙條攤開後，真相大白。其實，他們都沒有如對方所想的那樣要求彼此。

好，還要更好？

念研究所時，有次老師發現我在諮商中經常會以封閉式的問句來問話，導致個案只能回答「對／不對」、「是／不是」或者「好／不好」，我便會感到談話很難深化，或覺得都只是我在講話。

後來我改變了問話的方式，老師滿意地點點頭，接著問我知不知道之後的諮商可以怎麼做？當下我很自然地回答：「我會更努力地學習。」老師有點困惑：「努力什麼呢？你剛剛不是已經找到有效的方式了嗎？」我卻不知道為什麼，只能不停答道：「總之，我會更努力學習的。」

老師停了一下，問同學：「你們覺得胡展誥是不是一個努力的人？」同學們都點頭表示同意。接著老師又問我：「你一直說你要努力，你知道你要努力什麼嗎？」

我洩氣地搖搖頭。

事實上，我也不知道為什麼我會回答「要努力」，也許是我已經很習慣督促自己做任何事情都要「盡力」。但我其實很少去思考：到底要努力什麼？我難道不夠努力嗎？這些事情是努力就能解決的嗎？

到底是什麼讓我們總是覺得自己做得還不夠？好，還要再更好？

不合理的自我期待

學生時代，每次要出去玩耍或約會，我的心裡總會隱約有個聲音跑出來質疑自己：「你書都念完了嗎？不然怎麼學人家交女朋友？」「你覺得自己功課好到可以放下課業跑去玩樂嗎？」「你考上國立大學了嗎？」甚至上了研究所之後，這樣的聲音也沒有消失：「你有工作了嗎？到了這年紀還只想著放鬆？」

這些聲音既不符合現實，也不合理——文章開頭那對諮商室裡的夫妻，他們寫下的顯然不是來自對方的期待；在督導過程中，老師並沒有說我做得不好，但我卻在不自覺的情況下一直說要「更努力」；至於抨擊自己不該玩耍的聲音更是不合理：縱使每一個階段都有要努力達成的目標，但如果因為這樣就完全不允許自己放鬆，到底什麼時候才「夠資格」娛樂呢？

看到這邊你可能會發現，這些聲音背後往往夾帶著某種期待，像是要扮演好自己的社會角色（好老公、好妻子、好家長、好孩子）、努力還要更努力、不可以放鬆、不可以總是想著要娛樂等。

這些期待乍看之下好像很正向，但如果沒有認真去辨識這些期待合理與否，我們可能會習慣性地受這些聲音的驅策，並且在成長過程中不自覺地建立起辛苦而煎熬的生活模式。

有時候不是你不夠努力，而是別人的期待太多、太難，甚至太不合理。

這樣的狀態其實是完形治療學派當中的「內攝」（introjection）作用。先前提到的投射是指個人將自己不喜歡的部分丟到外界，**內攝則是將他人（尤其是重要他人）的語言、期待、評價，未加思索、不經過濾就全盤吸收進自己的內在**，並且不自覺地將這些內容拿來作為日常生活的圭臬。

前文〈千錯萬錯都是別人的錯〉裡，提到的那位姊姊素芬，在成長過程中非常孝順，也很照顧妹妹：遇到玩具、點心不夠分的情況時，總是主動讓給妹妹；和朋友出去玩，她卻總是一過傍晚六、七點就有些不安，提醒自己該回家了；直到她已長大成人，每當家裡有事情，也總是告訴住在外地的妹妹不要擔心，再排開自己的行程，留在家裡幫忙。

仔細探究才發現，原來從小父母親就常告訴她：「身為姊姊，要多讓妹妹。」「女孩子不應該超過晚餐時間才回家。」「長女要懂事、要多擔待。」這些充滿期待的語言深深植入素芬的內心，即使她已經長大成人，理應為自己的生活多著想，不需再像小孩一樣遵守這些規定，但父母的聲音卻已成了難以撼動的教條，一直導引著素芬的生活。

如果我們沒能分辨身上的責任與期待究竟從何而來、合不合理，就可能經常讓自己負荷過度的壓力。

辨別期待來源

一個人如果長時間處在過重的壓力情境底下，會讓身心的能量都處在耗竭狀態。在這樣的狀態下，自然無法好好應對眼前任務，而這些挫敗的經驗又會令人責備自己不夠努力，覺得自己能力不好，並漸漸對生活、對自己、對這個世界感到無能為力。

這樣的無望感，正是造成現代人憂鬱情緒的主要原因之一。

想要降低內攝的影響，我們必須練習覺察自己的內在有哪些的「應該」或「必須」，再探索這些期待究竟是自己想遵從的，還是他人在不知不覺的狀況下丟給我們的？

以下有個簡單且有效的練習：

1. 靜下心來，寫出五到十個「我應該＿＿＿＿」或「我必須＿＿＿＿」。
2. 依照你認為的重要性（像是不可違逆的程度、影響自己的程度），將這些句子從一開始排序。
3. 排序完成後，請思考這些句子曾經有誰對自己說過，並在句子後面寫下這個人的名字或稱謂。

你可能會感到訝異，這些原本我們以為是自己對自己的期待，原來經常是來自於他人的聲音。值得注意的是，那些重要他人的期待，往往是對我們影響最大（但不一定合理）、最難以覺察，也最難隔絕於外的。

練習分辨自己與他人的期待，適度拒絕那些不合理、不符合實際的要求，才能放下那些可能根本達不到的目標，鬆開長期且過度的壓力負荷，讓自己擁有更多的時間與能量，輕鬆而愉悅地做自己、過生活。

練習4　覺察來自他人的聲音

【範例】

語句	影響力排序	誰對你說這句話
我**必須**在晚上十點前回家。	5	母親
我**應該**堅強而不示弱，才是真正的男人。	4	國小導師
我**應該**全權做主，才是果決的一家之主。	2	父親
我**應該**先幫助別人，不該把自己的需求擺前面。	3	父親
我**必須**順從父母的指示，才是孝順。	1	父母

換你試試看：

語句	影響力排序	誰對你說這句話

情緒覺察20

1. 「內攝」是將他人（尤其是重要他人）的語言、期待、評價，未加思索且不經過濾就全盤吸收進來，並且不自覺地將這些內容作為生活的圭臬。
2. 如果沒能分辨自己身上的責任與期待從何而來，或者合不合理，就可能會讓自己承受過度的壓力。
3. 身心的疲累會降低因應環境的能力，接踵而來的挫敗會讓我們感到無望，而沉重的無望感正是憂鬱情緒的主要原因之一。

二十一、千金難買早知道

每一次後悔，都在提醒你，過去自己重視的是什麼；每一次後悔，都在督促你，要認真地活在當下。

在諮商室裡，許多充滿情緒與眼淚的故事背後，經常都牽扯著某個共同點——「後悔」。後悔自己當時沒能多做或避免做某些事；後悔自己當時想得不夠周全；後悔以前對某人的態度太過衝動；後悔沒有好好善用時間……

後悔到底算不算是一種情緒？

有些人覺得算，也有些人覺得不算。在這裡，我不打算解釋後悔的定義是什麼，也不想花很多時間去證明後悔到底是不是一種情緒。不過有件事情是無庸置疑的，那就是後悔經常會令我們感到不舒服，例如自責、難過、失落等，簡單來講，後悔絕對不會是令人開心的狀態。

我在演講的時候，經常冷不防地拋出一個問題：「請試著想像，現在的你若距離死亡只剩下十分鐘，可以選擇一件事情重新來過，你會想要在大學聯考多拿五十分，還是想要多陪伴家人十分鐘？」

大家抉擇的時間通常只需要短短幾秒：除了偶爾遇到開玩笑的聽眾外，九成九以上的人都想要為自己與重要他人的關係多做些什麼。

於是我接著又問：「既然在座各位都清楚自己臨終前的選擇，那麼，有多少人現在做的事情，是朝著這個方向前進的呢？」這次，只剩下稀稀落落的人舉手，有時候甚至全軍覆沒。

會場突然陷入一片寂靜。

寂靜，某種程度表示個人覺察了自己的行為與方才的回答有所差異，知道現在的生活方式與生命中重要的事情似乎有著一段落差；再者，也代表了大家雖然知道怎麼做才是自己想要的，但面對現實生活的生存需求與焦慮，又深深覺得人生就是充滿了無奈，無法盡如己意。

「早知道就……」

有次演講結束後，一位先生到講台前來與我分享個人經歷。他說，兩年前癌症末期的老父親轉進安寧病房時，正逢他升上人事管理部門的經理。他相當忙碌，找不到太多可以抽身的時間，唯一一次到病房探望父親，是正好要到其他公司開會的路上。

那天他心血來潮，買了杯父親喜歡的熱豆花到病房去探望爸爸。父親當時的意識狀態不甚清醒，因此他也只是坐在床邊與父親講兩句話，連豆花的碗蓋都來不及掀開就匆匆離去。

後來，父親在安寧病房只住了短短一個月就過世了。

「沒想到出社會的幾十年來，我最仔細看著父親的時候，竟然是他掛在靈堂上的遺照。」他有些感慨地說，「剛才聽完你的演講，我好後悔沒有多陪陪躺在病床上的他。我猜他也好想要我這個兒子多去看他，但是他的個性絕對不可能把這些話說出口，後來他神智不清，想說大概也說不出來了……」

「當時你正值工作的轉換期，所以忙到沒時間去探望父親吧？」我說。

「很忙是真的，但如果知道再也看不到自己的爸爸，其實再怎麼樣都還是可以抽出一些時間的……」

「唉，早知道當時如果＿＿＿＿，就好了。」

這大概是後悔最令人痛苦的部分吧。

無奈千金難買早知道，再多的金錢都換不回已逝的時光，當然也無法回到過去補救些什麼，這份無奈也就隨之轉為自責與無力感，深深地折磨著自己。

其實，你已經努力過

後悔不只出現在人生重大的分離事件上。舉凡昨天晚上對父母親口出惡言，沒有在考前多念書，下班後應該多運動而不是吃下高熱量食物就躺著看電視，行經某個路口時應該多踩一下剎車或注意亮起的紅燈等，都容易讓人心生後悔。

其實，若認真回頭看看那些令我們後悔的事件，會發現，當時自己並非真的什麼都沒做，也不是故意把事情搞砸；相反地，**我們做的往往已是當下所能想到的最好的選擇，或是已從許多不好的選擇中，選出比較沒那麼糟糕的來執行。**

就像那位後悔沒有多去探望父親的經理，其實，他也努力地在忙碌生活中選擇先穩定工作、照顧家庭，有時間再多去探望父親；而那些下班後只吃零食卻不運動的人們，或許是想在充滿壓力的一天後好好地放鬆、犒賞自己；與爸媽爭吵完卻感到自責的青少年，實際上是在當下覺得不被理解、不被接納，才以失控的情緒來表達自己的無力感。

我們並非沒有努力生活，只是沒有認真地活在當下。

我們可以選擇把力氣放在規劃未來，也可以用來檢視過去。但是人的能量是有限的，花太多力氣在計劃那些還沒發生的事情上，或浸泡在對於過去的悔恨中，將會剝奪自己認真而踏實活在當下的力氣。

那麼，怎樣才能減少讓自己後悔呢？

後悔了，然後呢？

讓我們再次回到那個一片寂靜的演講現場。

正當大家陷入充滿無奈的沉默時，我又追加一題：「在兼顧現實生活與工作的情況下，現在的你可以多做些什麼，讓自己在未來比較不會感到後悔？」

台下的聽眾們紛紛開始專注思考，並寫下目前生活中能做、想做，或過去一直忘了去做的事。

卡在「不知道該做什麼，覺得無法動彈」的情境裡，經常會讓人以為自己真的是沒有能力的。因此，當人們聽到「原來在兼顧現況下，其實多少還是可以做些什麼」的時候，就會重新擁有行動的力量。

思考未來，可以讓我們充滿行動的希望；檢視過去，可以幫助我們修正行動的方向。然而，唯有認真活在當下，才能讓我們更真實地去經驗生命正在遭遇的事情，也避免未來產生更多後悔。

後悔的正向意義是，它能幫助我們看到當時自己重視的是什麼。因為當時的你認為某件事情是更重要的，所以你選擇了去做那件事情，只是現在的你回頭看，會發現那個決定對現在而言好像不是最好的，如此而已。**因此，後悔也提供了一種檢視的作用，因為有了對過去的檢視，才能讓我們在「現在」做出更適當的行動。**

如同那位到台前來與我分享故事的經理，檢視這段令他後悔的經驗後，他發現原來「途經醫院的路上很想念父親，看了看手錶還有一些時間，所以抽空買豆花去探望他」，就是活在當下的行動。幸好當時有做了這個決定，雖然那個重要的會議因而遲到了一些，卻多了幾分鐘與父親相處的珍貴時間。

有些人很慶幸自己與父母吵架時，沒有說出更具攻擊性的語言；有些人則是覺得下班後至少有某幾天去散步運動；有些人很感謝自己曾經拒絕了某些不當的要求；有些人則曾經有過戒菸成功的珍貴經驗。

人生不可能毫無後悔，如果能將過去生活中覺得好的事情和經驗，拿到現在的生活中多做一些，相信可以有效減少許多未來令自己後悔的機會。

至於台下的聽眾都寫了哪些想做的事情呢？答案因為年齡與角色而有不同：

「今年的暑假，我要帶家人去日本玩五天。」

「下班後陪孩子聊天，跟功課無關的也沒關係。」

「我要多去陪伴在安養院的媽媽。」

「我們家以後吃飯時間不罵人。」

「我要少吃油炸的食物。」

「跟先生溝通時要減少故意揶揄他的語言。」

「我會把電動借弟弟多玩五分鐘。」

「我決定斬斷其他的桃花，全心專注在現任女友身上。」

「我要送給老婆一束二十年前求婚時欠她的花，等一下就去買！」一個爸爸站起來，大聲唸出自己寫在紙上的內容，逗得滿場大笑，還有熱烈的掌聲。

人生的確充滿著許多無奈，即使再怎麼努力，也未必能讓每個人（包含自己）完全滿意，也不可能事事順心。然而，有朝一日當我們回頭看那些曾經歷過的事情時，若發現自己在過程中已謹慎思考，付出最大的努力，即使結果未能盡如人意，也無須悔恨或自責，更不需要對現在的自己感到愧疚。因為，你已經盡力了。

情緒覺察21

1. 思考未來，可以讓我們充滿行動的希望；檢視過去，可以幫助我們修正行動的方向。然而，唯有認真活在當下，才能更真實地去經驗生命中正在遭遇的事情。
2. 後悔的正向意義，是幫助你看到當時的自己所重視的是什麼。
3. 若你已謹慎思考過，也付出最大的努力，即使結果未能盡如人意，也無須責備過去，更不需要對現在的自己感到愧疚，因為你已經盡力了。

Part 3

愛自己，你需要隨身攜帶的提醒

二十二、給情緒一雙溫暖的手

情緒沒有好壞，沒有對錯，它只是反映著一個人內在的狀態。請放下批評，給自己與他人的情緒一雙溫暖的手。

從小，我就是那種一逮到機會就非得調皮搗蛋的「猴死囝仔」。舉凡趁著老師面對黑板寫字時，把衛生紙沾濕後揉成一團往上拋，將教室的天花板黏得慘不忍睹；蠱惑班上同學放學後去摘光操場樹上的芒果；偷偷將學校公布欄的模範生照片亂塗一通；拿了一整年的補習費卻跑去打電動；當值日生推餐車時，偷偷把營養午餐咖哩雞丁最好吃的部位先偷吃掉（我家賣了三十年的烤雞，早已練就憑著小小一塊雞肉就能知道那是哪個部位的功力）。

爸媽可能因為經常接到學校老師的投訴而惱怒，或因為找不到有效的管教方式而挫折，也可能是因為工作忙碌，沒時間一而再、再而三地對我重複同樣的道理，到後來他們只好選擇用打罵的方式來取代說理。

如果是現在，這樣的體罰方式可能會被判定為管教過當。不過，當時爸媽在工作忙碌之際還能夠顧及我們的課業、管教我的行為，已經是很不容易的堅持。

長大後，雖然知道不會再被嚴厲處罰，但那種挨打的情境與恐懼，卻深深地烙印在心裡。直到現在，當我看到別的父母親斥責孩子，或是辦公室裡主管大聲責罵其他同事的情境，潛藏在內心的恐懼還是會不由自主地一再浮現。

事隔多年，後來有幾次與爸媽在電視上看到兒童受虐或管教過當的新聞，我就會開玩笑地說：「其實孩子根本不需要這麼嚴厲地處罰就能讓他們聽話，小時候我就是因為常被處罰，所以在心裡留下許多陰影。」講完還故意嘆氣搖頭。

或許我會這樣講，不是在開玩笑，而是想用比較輕鬆的方式對他們抗議。

在成長過程中，當我回想起以前被打罵的經驗，還是不免覺得生氣與委屈。我總是會抱怨為什麼爸媽要用這麼激烈的方式來管教我，讓我從小就感到恐懼，不敢說出自己的想法，且對權威感到懼怕。但是我找不到克服的方式，為了讓心裡那個悶住的情緒有個出口，我只能透過這種機會來表達我的不滿與受傷。

有次遇到類似的情境，我又使出同樣的「抗議」方式，沒想到一旁的母親突然放下手中正在揀選的地瓜葉，帶著愧疚的口氣小聲說：「那時候我們真的不知道這樣會讓你們很害怕，如果知道影響這麼大，我們怎麼打得下手……」「我對你真的很抱歉……」媽媽的聲音小小的，我卻聽得出來，對於一位傳統的家長，那需要很大的勇氣才說得出口。

或許是沒想過母親會如此愧疚地說出這段話，我停止了以往揶揄的口氣，向她點了點頭後，默默地轉身離開客廳。回到房間的剎那，止不住的眼淚不停地掉下。悶了十幾二十年的情緒就像水龍頭的開關突然被轉開，所有的委屈與害怕嘩啦啦地往外流瀉。

這是怎麼了？

以往我不是很擅長用這樣的方式讓爸媽知道我的不舒服，讓他們知道這樣的管教方式會讓孩子很害怕嗎？怎麼剛剛那瞬間，我卻一句話都說不出口？

後來想想，原來我要的並不是誰的道歉，也不是希望父母親為過往的管教方式感到愧疚，我需要的，只是內在那份恐懼與害怕的情緒被看見、被接住，然後被摸摸頭呵護，這樣就夠了。即使我知道那份替代性的恐懼在未來多多少少還是會被引發，但此刻的我卻不再感到那麼氣憤與害怕。

讓情緒被看見與接納

情緒需要被看見，被理解，被接納。

如此一來，一個人才會感受到自己是被愛的，也是安全的、有價值的。

心理諮商也是如此。在諮商中，個案遇到的問題成千上萬種，任憑再資深、功力多深厚的諮商心理師都不可能幫助個案解決每一種問題（這也不是諮商師該做的事情）。面對那些喪親的孩子，我們不可能讓他們的親人復活；對於那些曾經遭遇過重大意外或遭性侵的孩子，我們無法回到過去阻止憾事發生；對於那些積欠大筆債務而壓力滿載的個案，我們當然也沒有可能替他們償還債務。

既然如此，當人們遇到了困境，心理諮商可以協助的地方是什麼呢？答案是，**提供一個安全與接納的空間，陪伴一個人真真實實地面對自己的情緒**，並重新長出面對自己、面對挑戰的勇氣與力量。

情緒是本能

面對困境，我們可能會伴隨緊張、焦慮、挫折或害怕等負向的情緒。在傳統觀念裡，我們總是被教導問題解決才是重點，太多的情緒都是多餘的，也是懦弱的象徵，那只會妨礙我們的理性判斷與工作效率。然而，這樣的說法卻忽略了幾個重要的事實：

・情緒是生物的本能

人類因應不同情境，會體驗到不同的情緒，這些情緒會幫助我們保護自己、克服困難，做出其他相對應的回應。所以，這些情緒其實是面對困境與挑戰時再正常不過的自然反應。既然是自然反應，當然也就沒有道德上的對與錯之分；否認這些情緒，就像在否認自己最自然的本能。

・每種情緒都是自己的一部分

焦慮，可能是來自對未知情境的擔心；挫折，可能是以往遭遇失敗的經驗所致；害怕，可能是擔心自己能力不足。當然，這不是情緒唯一的解釋，同一種情緒可能因為每個人的成長背景與特質而有不同的涵義。但是，如果我們選擇壓抑與否認這些情緒，我們也就失去了認識自己的重要根據。

‧情緒反映某些內在需求

當一個人感到孤獨，表示他可能需要被陪伴；快樂時，可能需要有人一起分享；挫折的時候，可能需要被理解、被鼓勵；傷心的時候，或許需要被傾聽、被接納。**如果無法正視自己的情緒、從情緒中探見自己內在的需求，即便我們努力將生活維持得看似完美，還是會使自己的內在愈來愈匱乏。**

卸下內心的盔甲

情緒，需要的是一雙能夠穩穩承接、溫暖而厚實的大手。

帶過小孩的人都知道，很多時候孩子向我們哭訴、抱怨，要的其實不全然是大人幫他解決問題。有時候我們抱抱他、摸摸他的頭，再加一句：「哇，你看起來很生氣，你怎麼啦？」「你一定很難過吧？」「會不會痛痛？給你呼呼哦～」

就足以讓他的情緒轉陰為晴、破涕為笑。雖然沒有直接幫他解決問題，但因為接納並安撫了他受傷的心，於是他能重新長出去玩耍或再度去面對挑戰的勇氣。

可惜的是，很多大人一聽到孩子抱怨，不是急著教訓他要勇敢、別那麼愛哭、不要抱怨，就是嚴肅地搬出一番大道理，分析事情的是非對錯，再指出他本身其實也有做錯的地方，搞得事情比原本的狀況還緊張。孩子本來是帶著受傷的心來找我們訴苦的，卻因而更受傷，決定以後不再透露自己的難過與脆弱，不再跟別人談心（我們可能還因此困惑：「我明明就很努力地要幫孩子，為什麼他卻離我愈來愈遠？」）。

當一個人的情緒與感受被別人（尤其是重要他人）看見、理解、接納，原本為了保護自己免於受傷而不得不穿上的盔甲就可以慢慢被卸下；那如寒冰般堅硬的心，也會像被捧在溫暖而厚實的大手上，因感受到溫暖而逐漸融化、柔軟。

心軟了，也就不需要再花這麼多的力氣去偽裝自己、攻擊他人，而能夠把這些能量投入在營造更健康的生活上；心軟了，就可以卸下那副認為這個世界充滿攻擊與危險的眼鏡，試著用正向、欣賞的眼光來看待這個世界，也欣賞自己；心軟了，人就可以更放鬆、安在地生活，去感受自己內在那股愛的能量，學習愛自己、也愛他人。

過去，我們總是企圖透過隔絕情緒來保持理性，卻總是被莫名的情緒擾亂了思緒；現在，讓我們一起試著正視情緒、探索情緒，減少失控的頻率，也減少被情緒支配的窘境。

慢慢地，我們會發現，誠實地與情緒相處，而不是用力控制情緒，才能讓自己真正成為情緒的主人！

情緒覺察22

1. 情緒沒有對錯好壞之分，需要調整的不是情緒本身，而是表達的方式。
2. 情緒需要被理解、被接納，而不是被批評。如此一來，才會讓人覺得自己是被愛且有價值的。
3. 心理諮商提供一個安全的空間，陪伴個人誠實面對自己的情緒，重新長出面對自己、面對挑戰的勇氣。
4. 面對並接納自己真實的情緒，而非用力地控制，才能成為情緒的主人。

恐懼，其實反映出我們內心最在意、最重視的部分；
恐懼，也可能被我們的某些需求所牽繫著。
若沒有好好地去檢視究竟是什麼引發了我們的恐懼，
而只是急於脫離不舒服的感受，
就可能會在模糊的狀態下跳進另一段被傷害的關係、充滿危險的陷阱。

SANTA CLAUS NORTH POLE

二十三、身體會說話

肢體動作本身就是一種語言，反映著我們的情緒與感受。那些未被覺察的小動作，經常蘊含認識自己的重要訊息。

除了心跳的速度、講話的口氣，你是否還曾感受到身體因為喜怒哀樂而出現什麼反應？

「情緒」之於我們，經常是種很抽象的概念，它沒有形狀、沒有重量，而且難以描述和比較。因此，如果有人要我們去「覺察」情緒，那真一件令人頭大又抓狂的事情。不過別擔心，其實我們可以從很多具體地方去發現、了解自己的情緒，其中一種方式，就是**從觀察自己的習慣姿勢或小動作開始**。

探索「肢體語言」

這幾年來，我慢慢培養出觀察自己的小動作或身體姿勢的習慣。一開始並不是為了分析什麼，只是偶然發現自己在某種情況下好像會擺出特定的姿勢，覺得有趣便持續留意，沒想到最後發現自己無意識的小動作還真是不少。

每個人的慣性動作或姿勢可能都不一樣，例如：跟不熟的人說話時，臉上會不自覺出現僵硬笑容；和不喜歡的人說話時，若覺得不耐煩、感到威脅，桌子底下的雙手不自主地揪住衣襬或緊緊握拳；壓力大或害怕時，會咬緊上下排牙齒、雙頰繃緊；聽到有興趣的話題時，上半身會往前傾；面臨（或感受到）談判的氛圍時，上半身不由自主地往後靠在椅背上並蹺腳；緊張時抖腳；熬夜趕工而焦慮時，肩膀高聳而僵硬……

肢體動作本身就是一種語言，同時也對應著我們的情緒感受與需求。人類的肢體語言有共通性，當然，也會因為個別差異而有不同。如果我們不去覺察這些動作，不只錯失理解自我的機會，更可能因為長期且固著的姿勢對身體造成傷害。

這些動作的反應之快，遠遠超過我們腦袋所能夠覺察的速度。如果能理解這些動作背後想要傳達的訊息，將會對我們理解自己的情緒有很大的幫助。

那麼，究竟如何才能在生活中留意那些自己沒有意識到的小動作，並理解這些動作背後所隱藏的訊息呢？

・第一步，蒐集小動作或特定姿勢

請親近的親人、好友或同事針對你的小動作給予回饋，再將這些動作記錄下來。知道自己有某些特定動作時，先不要急著覺得羞愧、自責，或予以否認，這些動作並沒有對或錯，也不需要因此被責罵。更何況，它們可是幫你更了解自己的重要線索呢。

當然，你可能會在一個情境下，同時觀察到自己有好幾個小動作（例如皺眉頭、呼吸急促、肩膀緊繃），那麼恭喜你，這代表你對自己身體反應的觀察是很敏銳的。不過剛開始練習時，建議從中挑選一個最明顯的姿勢來深入探索即可。

・第二步，留意動作出現的時空背景

得知自己有某些慣性動作後，可以試著留意：這些動作或姿勢出現的時間、地點、空間為何？會在什麼情境或哪些人面前出現？出現這個動作時，當下的情緒與感受是什麼？當我們開始連結過往某些情境下，可能總是出現某些動作，未來再次經歷這些情境時，就更能留意這些動作或姿勢的出現。

為什麼要先觀察自己的小動作，再進一步覺察這些動作背後可能的情緒呢？因為多數時候連我們自己都很難意識到這些行為為何會出現，所以瞬間要從認知裡頭找出一個確切的答案，難度實在太高了。

・第三步，暫時停在這個動作一會兒

請提高警覺，下一次覺察到自己正出現這些動作或姿勢時，記得先讓自己暫時停在這個姿勢或動作，感受一下，當下有什麼情緒？身體有什麼感覺？例如發現自己肩膀高聳而緊繃時，就先讓自己停在這個姿勢，或發現自己正在抖腳，就讓自己的腳有意識地繼續抖一會兒。

・第四步：探索慣性動作隱含的訊息

這是最重要的步驟。觀察到自己的動作，並有意識地在動作出現時感受情緒，接下來，就要問問自己，這些動作背後究竟在訴說什麼訊息？代表著哪些情

緒？傳達出什麼需求？

以下用兩個例子示範如何應用上述的四個步驟。

【範例一】

1. 蒐集小動作或特定姿勢：雙手緊抓衣襬或緊緊握拳。
2. 動作出現的時空與背景：跟不熟、不喜歡的人說話時；覺得被批評或比較時。
3. 暫時停留在這動作一會：

(1) 當下的感受或情緒：不耐煩、急躁、厭煩。

(2) 想法：「天啊，無聊死了，可以趕快結束嗎？」「怎樣才能結束這無聊或痛苦的對話呢？」「他幹麼這樣咄咄逼人？我好想趕快離開這個地方！」

4. 探索小動作背後的需求：想結束話題、想逃離現場，讓自己感到輕鬆自在。

【範例二】

1. 蒐集小動作或特定姿勢：抖腳、來回踱步。
2. 動作出現的時空與背景：上台報告；準備面試；等待醫生的診斷報告。
3. 暫時停留在這動作一會：

(1) 當下的感受或情緒：緊張、焦慮、恐懼。

(2) 想法：「對方問的問題我會不會答不出來？」「等一下會不會忘詞或愣在台上？」「希望診斷結果一切平安無事。」

4. 探索小動作背後的需求：分散緊張的情緒。

上述四個步驟的排序由淺入深、從具體到抽象，建議讀者一開始練習時可以照這個順序來操作。當然，這就跟你學開車一樣，只有一開始才需要細部拆解、逐步練習，一旦熟練了，就能隨心所欲地變換順序，甚至省略某些步驟。

透過肢體動作來自我覺察，還有一個相當重要的好處。

在日常生活中，很多人經常苦於自己會出現某些小動作（有時這些動作可能會讓我們在人際互動中感到難堪）卻不容易改掉，像是頻繁抖腳、摳指甲、眨眼睛、抓頭皮等，有些人在緊張或害怕時，甚至會不自覺地憋住呼吸。**經由上面的練習，覺察到這些動作可能來自內在的焦慮、緊張或害怕，就能提醒自己停下來，並試著用其他方式舒緩情緒。**

練習5　傾聽身體的訊息

1. 蒐集小動作或特定姿勢：＿＿＿＿＿＿＿＿。
2. 動作出現的時空與背景：＿＿＿＿＿＿＿＿。
3. 暫時停留在這動作一會：＿＿＿＿＿＿＿＿。
4. 探索小動作背後的需求：＿＿＿＿＿＿＿＿。

建議剛開始時，可以依序由淺入深、從具體到抽象循序漸進地練習，熟練之後，再試著變換順序加以練習。

當我們能用其他更適當的方法來安定自己，當然也就不需要經由這些無意識的小動作來宣洩情緒了。

情緒覺察23

1. 觀察自己習慣的姿勢或小動作，可以幫助我們覺察自己的情緒。
2. 一旦覺察這些動作可能來自內在的焦慮、緊張或害怕，就能提醒自己停下習慣的小動作，試著用其他方式來舒緩情緒。

二十四、在黑與白之間，探索灰色地帶

在那些看似沒有選擇的事件裡，經常藏著隱密的灰色地帶。而這灰色的空間，往往能為窒息的感覺灌注一股新鮮空氣。

國小時，我曾聽導師分享過一則故事。

有個農夫傍晚結束農作後，揹著鋤頭獨自走回家，當他穿越黑暗的竹林時，聽到身後響起奇怪的聲音。起初他不以為意，但那聲音卻亦步亦趨地跟著，他環顧周圍黑壓壓的一片，害怕的感覺油然而生，腦海裡浮現各種恐怖的情節。是不是有壞人跟蹤？靈異現象？還是有猛獸在後方虎視眈眈？他愈想愈害怕，只好加快腳步往前走，但走得愈快，身後的聲音也響得愈急促。

最後，這位農夫在極度的恐懼中不小心絆到石塊，跌倒而死。

「阿呆欸，他幹麼不回頭看一下就好了？」我哈哈大笑，不僅打斷了老師的話，全班聽了也跟著起鬨。

「我有說可以講話嗎？給我去後面罰站！」老師白了我一眼，顯然沒料到有人敢打岔。

聰明的讀者都清楚，農夫其實是被自己幻想出來的恐懼給嚇壞了。如果當下真的有鬼魂，說不定它都還來不及做些什麼，就目睹農夫自己嚇死自己，只得愣在一旁乾瞪眼。

非理性信念——內在彈性的缺乏

美國臨床心理學家艾利斯（Albert Ellis,1913-2007）認為，許多「問題」其實是我們自己「想」出來的。我們之所以在生活中感到煩惱、困頓，追根究柢，很多時候是因為個人思考事情的慣性模式，使得自己陷入痛苦的情緒裡。也就是說，**事情的本質是中性的，是我們的思考將它導向狹隘而黑暗的空間。**

我們在成長過程中所學習到的信念，在潛移默化下影響了思考模式，使我們將原本無害的事情想成了嚴重的、負向的、毫無希望的結果，接著令自己感受到痛苦、憤怒或無望等情緒。艾利斯將這些會令我們痛苦且未必符合現實的想法稱為「非理性信念」，其中像是：

- 我必須被周遭所有的人喜愛，才是有價值的人。
- 我必須全知全能，才是有價值的人。
- 我必須為別人的問題負起責任。
- 過去的經驗決定了現在的生活，無論如何努力都無法改變現況。
- 每個問題都有相對應的完美答案，唯有找到這答案才能解決困難。
- 每個人都必須找到且依附在另一個比自己強大的人身邊，才能夠活下去。
- 若事情的發展不如自己所預期，絕對是非常可怕的狀況。

上述的想法經常在我們的日常思考中出現。尤其當我們的主要照顧者或重要他人有類似的信念時，我們在成長過程中很難完全不受影響。然而，你是否已發現，上述幾個信念的內容本身除了不全然符合現實外，還有另一個重點，這些非理性信念都缺乏了一個重要元素——「彈性」。

其中有許多的「必須」、「絕對」，都會讓我們不自覺陷入一種「非黑即白」、「全有／全無」的錯誤邏輯裡。

思考模式跟飲食習慣很相似，過與不及都不適當。油炸、刺激性、酒精類等食物，偶爾享用能讓人開心，也不至於對身體造成負擔；太過頻繁或過量攝取，卻可能對健康產生傷害，甚至造成嚴重病變。

思考模式也是如此。

我們有時會希望有人可以依靠，會期待周圍的人都能喜歡自己，想解決他人的困難，渴望找到一個能解決問題的完美解答等。這些都是難免會有的想法，即使未能如願，若能一笑置之，告訴自己還有其他的可能性，也就無妨。最可怕的是，將許多的「必須」、「絕對」加到思考模式中，使選項侷限在「有／沒有」、「對／錯」、「一定要……才可以……」的非黑即白情境中。

一旦思考失去了彈性，我們就等於失去了其他的可能，將自己推進一個沒有出口、令人窒息的狹窄空間裡。

在日常生活中，我們也經常因為缺乏彈性的思考，而讓自己陷入難受的情緒，像是：

- 「父母親期待的每一件事我都要辦到，否則就是不孝。」

如果父母親的要求未必合理，或者與我們對自己的期待不一致呢？是否可以大部分事情都盡量讓父母親滿意，某些事情則試著進行溝通或婉拒？這麼做既能維持關係和諧，也能保有做自己的空間。

- 「我被提分手，這輩子與幸福無緣了。」

即使被提分手也不等於所有人都認為你是不好的，不代表再也不會遇到愛你的人。何況，分手原因也許不全然都在你身上。

- 「我被好友背叛，世界上沒有值得信任的人。」

其他願意在你難過時陪伴你、聽你重複倒苦水的家人、手足、朋友，都還是愛著你，也值得你信任的人。

- 「我必須成為最受歡迎的人，做人才有意義。」

如果班上或公司已經有風雲人物，難道也要因此否定自己的價值嗎？退而求其次，成為「有許多好朋友」或「有幾位知心好友」的人，這樣的目標也許更容易達成，也會讓你過得更輕鬆。

•「同學逛街沒約我，他一定討厭我。」

或許他只是忘了約你，或許他猜想這次要逛的地方你可能沒興趣，或許他這次想跟別人聊不同的內容。我們都沒有權力，也無法規定所有人做什麼事都必須想到誰，事實上，即使沒有想到你，也不代表他們就是討厭你。

灰色地帶——彈性的建立

諮商中，很多時候心理師只是協助來談的人在他原本以為被侷限、毫無其他可能的困境裡，看到其他的彈性空間或灰色地帶，這就足以令一個人內心長久的陰天瞬間轉晴，重獲面對困境的意願與希望感。

我常遇到大人帶著容易暴怒的孩子來跟我談話，接下來與孩子諮商的期間，大人有時會跑來抱怨：「跟你談話了，他還是會生氣啊！」「看起來諮商也沒用嘛。」不難發現，這些話語中缺乏了彈性的思考，像是：「孩子從此不再生氣，諮商才算是有效，否則就是諮商失敗。」「生氣是完全無法被允許的。」好像孩子只能在生氣與不生氣之間選邊站。

而當大人這麼說的時候，孩子也會感到挫折：「唉，我果然沒救了。」「反正我只會生氣，那我就繼續氣吧！」

因此，我會帶著老師或家長練習改用較有彈性的思考，像是：「**孩子生氣的頻率下降、生氣強度減低，都是一種進步；即使偶爾又生氣，也不代表前功盡棄。**」

在我的經驗裡，只要能用比較有彈性的信念來面對孩子，大人本身較不會因為挫折而陷入無望感，也會因為看得到孩子的進步，願意繼續更積極地輔導他們。而孩子感受到老師對他的信任，也可能會增加想改變自己的意願與動機。

記得，隨時檢視一下自己腦海中那些「看似理所當然，其實沒有道理」的僵固非理性信念。

最有效的方式之一，就是把類似上述會讓自己生氣的語言記錄下來並存檔。過一段時間再回來看看，也許會發現當時的自己所想的可能不合邏輯，或者太過決斷而缺乏彈性。

生活中的各種習慣可以經由學習、改變來建立，**思考模式當然也可以透過練習，讓原本充滿絕對而固著的內容逐漸鬆動，使自己具備更有彈性的思考方式。**

試著增加黑與白之間的「灰色空間」，給自己多一些彈性。

這世界沒什麼事情是無法改變的。如果真有無法解決的事情，那就更無須為了這件事情煩惱，因為那也只是徒勞，不如把心思投注在更值得努力的地方。

情緒覺察24

1. 許多「問題」其實是我們自己「想」出來的。我們之所以在生活中感到煩惱、困頓，很多時候是因為思考事情的慣性模式，使自己總是陷入痛苦的情緒。
2. 那些會令我們感到痛苦且未必符合現實的想法，稱為「非理性信念」。這些想法之所以令人痛苦，是因為它們大多偏離現實情境，且缺乏彈性，充滿「絕對」與「必須」，導致個人失去看到其他可能性的空間。
3. 思考模式可以透過練習，讓原本充滿絕對而固著的內容逐漸鬆動。請試著增加黑與白之間的「灰色空間」，給自己多一些彈性。

二十五、換個視框，探尋另一片風景

許多難題的解決之道往往就在難題本身，有時只需要換個視角，就能從問題身上發現解答。

我經常在演講時分享一段往事。

某一年農曆春節的家族聚餐，正當大夥圍著圓桌開心地享受滿桌佳餚時，伯母突然指著就讀國小、正大快朵頤的堂弟，大聲地說：「我們家這隻鵫，被人家欺負不懂得還手，借別人錢不會要回來，只差一題就滿分也不會學其他同學去跟老師討價還價，腦袋不知道在裝什麼……」原本開心吃飯的堂弟聽著聽著筷子就僵在手上，整張紅通通的臉也低得快埋進碗裡，氣氛瞬間多了幾分尷尬。

不過，伯母似乎沒有想終結這樣的氛圍，轉頭對著家族裡唯一的心理師我，說：「你是專業的，幫我看看他有沒有什麼要治的？」語畢，同桌十對眼光瞬間「咻」地射向我。

哇！這真是個深不見底的陷阱，一不小心偏向某一方，就會得罪另一方。我彷彿感覺到背脊冒出冷汗。

嚥下了口中的飯菜，我努力思考了一下，接著回應：「我覺得他是一個大而化之的孩子耶！」

「啊？」伯母聽到這樣的回應似乎有些訝異。

「他在學校的人緣一定很好吧？」我說。

「嗯，是這樣沒錯……」伯母順著我的語言脈絡，只能繼續回應：「我是沒聽說他有和同學吵架過，也常常有同學來家裡找他打球，但是我總覺得……」

伯母好像覺得有道理、又有些欲言又止的樣子，我打鐵趁熱再補上一句：「小小年紀就這麼有度量，一定是爸媽教得好啊！是不是？是不是？」我趕忙轉頭問問同桌的親戚，大家聽了連忙點頭贊同，跟著讚美一臉詫異的伯母。

通常當我說到這句話的時候，台下聽眾就會發出「哇～」的讚嘆，並且響起一陣掌聲。其實，當時的我也在心裡偷偷為自己鼓掌，因為伯母露出了欣慰的微笑，堂弟得到了解套，而我也安然度過當下的「險境」，皆大歡喜。

重新詮釋——為事情尋找正向意義

前面這段故事，呼應了我在諮商工作中的態度之一——同一件事情，若從不同的視角切入，就能有不同的看見。

很多時候，我們的思考很容易會固著在某個點上，在這個狹小的空間裡鑽牛角尖。不幸的是，我們執著的經常是在自己做得不好、力有未逮的部分，於是想著想著，就覺得自己好像什麼都做不好、一切都不如自己所想、事情失去了希望感等。按這脈絡想下去，很快就會有世界末日降臨的無望感。

想要跳脫這種被困住的情緒，就必須轉動眼睛，試著從不同的角度來看事情。

敘事治療（narrative therapy）裡有一個概念叫做**「重新框架」（reframing），意思是針對同一件事情，從不同的角度重新詮釋，進而從中探見正向的意義，協助個人長出正向的力量。**

所謂的重新框架不是自我安慰，也不是睜眼說瞎話。所以要做的，不是在一個人挫折的時候安慰他「失敗為成功之母」，也不是在他失戀時告訴他「下一個會更好」，或陪著失戀的人大肆批評對方是極為糟糕的人（明明戀愛當下就覺得對方是全世界最好的人啊）。

重新框架，是為了幫助我們在同一件事情的脈絡下，試著看到自己正向的特質，看到自己付出的努力，也看到事情的更多面向，而不只是讓自己困在無望感的汪洋中。

切換視角——跳脫自我懷疑的困境

前陣子，有位好友透過臉書傳訊息給我，他說他的生活過得很痛苦，覺得自己經常困在情緒的漩渦裡。舉凡人際互動、通訊軟體裡的「已讀不回」、伴侶的一個眼神或一句話，都讓他擔心自己是不是惹怒了對方，對方才回以冷淡的態度。甚至有時在工作上，他對下屬說了比較重的話，轉身又立刻為此感到懊惱不已、不懂自己為何要用這種態度說話。更痛苦的是，他也苦惱於自己為什麼總是容易為小事感到苦惱。這樣的思考模式，經常讓他徹夜輾轉難眠，不懂為什麼別人不在意的事情，自己卻總是難以輕易放下。

「我這樣算不算是憂鬱？是不是有病？」

對話框裡顯示著「正在輸入……」的時間足足有好幾分鐘之久，顯然對他而言，要向我坦露這個擔心相當不容易。

有沒有憂鬱？有沒有什麼狀況？老實說，透過對話框裡簡單的幾句話，我很難回應，更不敢妄下定論。但有一件事情我是確定的。

我回了他：「或許這表示，往內在去檢視自己的想法、價值，對你而言是很重要的事情。」

對這位朋友而言，一句話、一個互動、一個眼神，經常足以讓他思考許久。思考自己在意什麼？為什麼會有這麼多情緒的波動？甚至思考自己為什麼總是這麼用力地思考而讓自己痛苦不堪。

沒想到一會兒後，對話框裡傳來他的回應：「謝謝你，不知道為什麼，你這句話讓我心裡的石頭瞬間放下，整個人覺得輕鬆許多！謝謝你，真的、真的……」

或許會有人覺得我既沒有正面回答他的問題，也沒有給出什麼具體建議，或告訴他怎麼樣才能不要想這麼多，為什麼他會有這樣的回應？

其實，我當下也沒有想到他會有這樣的反應，後來想想，或許我是在狹窄的房間裡推開另一扇本來就存在的門，讓陽光有機會照進黑暗的空間。

我們討論的是同一件事情，但他是從擔心與責備的角度出發，於是讓他聯想到自己是不是患了憂鬱症？是不是「搞操煩」？如果從另外一個「善於反思、願意探索自我」的面向來看，他的思考反而凸顯出他是一個敏感且很能內省的人——不會隨意把責任往外丟，而是時時觀察自己、覺察自己內在正在發生什麼事。雖然這樣的思考模式會讓自己不舒服，但那絕非一種病態的行為，甚至能讓他發現自己即使痛苦，依然願意持續探索內在的世界。

當他能覺察自己的行為其實也帶有某些正向的意義時，就不需要再把自己關在那個狹小的房間，任憑滿滿的挫折與自責將自己淹沒。

同樣的道理，我們可以選擇將力氣放在關注孩子不如我們所期待的樣貌，也可以選擇看到孩子這樣的行為模式為他在人際關係上帶來的優勢；可以選擇嫌惡自己的「搞操煩」，也可以欣賞自己是個願意反省自我、觀察自我內在狀態的人。

當然，我們可以選擇責備自己有時候會出些差錯，也可以肯定內在那一份即使失敗、被罵，也從不選擇放棄的堅毅與勇氣。

換個角度思考不一定能夠海闊天空，原本的困境也未必就會自然解決，但可以幫助我們走出那個單一而缺乏理性的視框，跳脫動彈不得的困境，看見另一片不同的風景。

練習6 換個視框看事情

【範例】

負向形容	正向形容
神經大條	沒有心機，不會鑽牛角尖
多愁善感	心思細膩、敏感
愛湊熱鬧	對周遭環境好奇，對環境保持關心
衝動	不會壓抑自己的情緒
愛計較	懂得維護自己的權利

換你試試看：

負向形容	正向形容
自私	
雞婆	
缺乏主見	
懶惰	

情緒覺察25

1. 「重新框架」是針對同一件事情，從不同的角度重新詮釋，進而從中探見正向的意義，協助個人長出正向的力量。
2. 同一件事情，若我們從不同的視角切入，就能有不同的看見。
3. 換個角度思考未必能解決所有問題，但可以幫助我們走出單一而缺乏理性的視框，跳脫動彈不得的困境。

二十六、逆向操作，也能找回正能量

我們經常在等待能扭轉現況的解答出現，卻忘了自己就有主動迎擊的行動能力。

情緒是生命中如影隨形的狀態，卻也是經常讓我們覺得最難改變的部分。前面提過的心理學家艾利斯，主張人類的情緒是受認知影響後的產物，要改變情緒就必須調整自己的想法。他認為我們的憂鬱、生氣、難過，經常是因為被自己的想法影響所導致。因此，**即使無法直接對壞情緒「動手腳」，還是可以透過調整自己不切實際、固執的想法來改變心情。**

所謂不切實際、固執的想法，像是：我必須讓周圍所有人都喜歡我；我必須每件事情都精通；我得為其他人的事情負起責任；每件事情一定都有唯一且完美的解決方法等。

但是，事情往往不像我們想的那般簡單。

如果想法跟情緒都很難改變，那怎麼辦呢？

從行為改變情緒與想法

除了情緒、想法之外，還有一個很重要的環節，叫做「行動」。情緒、想法、行動，這三者的關係就像環環相扣的齒輪，撥動其中一者，也會帶動另外兩者轉動。因此，只要其中一者有所改變，就會影響其他兩者的狀態。

我們都知道想法經常影響我們的行為，但我們忽略的是，行動也會漸漸影響一個人的想法。舉例來說，你如何思考，就會那般說話；而你習慣了某種說話的方式，也會逐漸形塑你的態度。

現在，讓我們再回到前面所說的困境：如果心情、想法暫時不想（或無法）改變，只是採取不同的行動方式，會帶來什麼正向的效果嗎？

有，當然有。

有個古老的民間故事是這樣的：一個媳婦因為痛恨婆婆總是虐待她，跑到中藥店買毒藥，想要毒死婆婆。老闆聽了露出有些陰險的表情：「有是有，不過我不建議妳買毒性太強的，因為這樣容易啟人疑竇。我建議妳買藥效比較和緩的，每天一點、一點餵她吃。哼哼！只消半年，就可以在不知不覺間達到妳的目的。」

「要怎麼餵她吃呢？她根本不願意靠近我……」平常從來不幫婆婆準備三餐的媳婦滿臉困惑。

「這還不簡單？妳從今天起就假裝孝順地服侍她吃三餐，然後在飯菜裡加一點。記得，要**假裝**很孝順。」老闆再三提醒。

「嗯嗯，對耶！」媳婦一聽心裡大喜，蹦蹦跳跳地捧著……喔不，是藏著毒藥回家。

從那一天起，媳婦遵照醫囑，努力「假裝」孝順地服侍婆婆。起初當然很不愉快，幾度想要放棄，但想到未來不用再面對婆婆，就提醒自己要「持之以恆」。日子一天一天過去，婆婆因為感受到媳婦的孝心，原本冰冷嚴苛的態度竟逐漸軟化，也跟著關心起媳婦。而媳婦一來因為習慣了用正向的方式與婆婆相處，二來因著婆婆態度的轉變，對待婆婆也愈來愈真誠、細心。

時光飛逝，半年咻地一下就快到了。媳婦想起老闆說的年限，大驚失色地衝進中藥店哭喊：「有解藥嗎？我不想要我婆婆死掉，她是個好人啊！」

只見老闆神色自若，得意洋洋地摸摸鬍子：「呵呵，我開的是健胃養氣的帖子，沒事、沒事。」

故事有了圓滿的結局，婆媳兩人從此以禮相待，和氣融融。

從這則故事來看，雖然媳婦一開始的動機很明顯是犯法的，而老闆的行為也可能涉及詐欺與教唆，不過這故事的確是「行動影響想法與情緒」的最佳例子。

究竟讓這個故事裡的兩個人物化仇恨為友善的原因是什麼？讓我們透過情緒、想法與行為三要素來瞧瞧。

行為層面上，兩人有很長一段時間都在互相攻擊與折磨對方；媳婦對婆婆的**想法**（她一定是個壞心的人、應該是邪靈轉世）與**情緒**（對婆婆感到生氣、不滿、害怕），長期以來都是負向、不舒服的，但中藥店的老闆卻巧妙地讓她從行為開始做改變。

從行為開始改變的初期一定會有些困難，因為想法與情緒尚未改變，行動起來難免礙手礙腳。但是當媳婦持續練習新行為時，一來因為自己已經習慣更適當的新行為，二來則是因為新的行為改變了婆婆的想法（原來這媳婦是個孝順體貼的女孩）與情緒（對自己以前的行為感到愧疚；覺得溫暖；喜歡媳婦），而改善了婆婆對媳婦的回應。這兩點也間接改變了媳婦的想法（原來婆婆其實是個溫暖的長輩；我以前對婆婆的態度也不好）與情緒（覺得溫暖、被愛；對以前的行為感到自責）。

先「做」再說——創造改變的契機

很多人一定會很困惑：在心不甘情不願的狀態下，怎麼可能持續執行那些自己不喜歡或不熟悉的行動呢？

其實，故事裡還隱藏了一個啟動改變的關鍵因素，聰明的你發現了嗎？

答案揭曉，那就是中藥店老闆強調的——「**假裝**」。

他知道這位媳婦一定無法用和善的態度對待婆婆，所以提醒她用「假」的態度去與婆婆相處，這不僅是在強調「先行動就對了」，也能減少情緒與想法上的抗拒（說真的，要對一個自己憎恨或害怕的人表達善意，並不是簡單的任務）。雖然是假裝，但至少能開啟一個不一樣的行動，而行動往往也是啟動改變的要素之一。

人生不如意事十之八九，生活中難免遭遇困境與挫折，當人們感到生氣、難過、憂鬱、失落等痛苦的情緒時，經常期待找到不開心的原因與線索，以為這樣就能好過一些。實則不然，很多事情即使找到了答案也未必能回復原狀，更遑論那些找不到答案與解決方式的困境。

如果總是期待找到原因或什麼線索才要開始行動，事情可能很難有什麼改變，更遑論要重拾正向的情緒。

因此，情緒不好的時候，不妨試著去做些自己平常喜歡做的事情，像是到戶外散步、聽喜歡的音樂、看電影、吃點小東西、與好友見面聊聊、看場電影等（當然，也不必勉強自己一定要去做些真的不願意或令你痛苦的事情）。即使你不是真的非常想這麼做，但就像中藥店老闆的提醒：讓自己「假裝」願意，去做做看，或許在找到問題的解決方法之前，這些行動就能幫助自己的負向情緒稍稍得到緩解或平復。

情緒平穩了，就會擁有更清楚的思考來幫助自己面對生活中的困境，並做出更適當的決策與行動。

請記得，**情緒、想法、行動就像三個緊緊相依的齒輪，一旦施加其中一者正向的能量，另外兩者也會跟著轉動出好的結果。**這真是名副其實的「一舉三得」，投資報酬率相當高呢！

情緒覺察26

1. 情緒、想法、行動，三者的關係就像環環相扣的齒輪，只要其中一者改變，就會影響其他兩者的狀態。
2. 事出未必有因，有時問題未必能有完美的解答，如果總是等待著能說服自己的理由出現，可能會讓自己一直深陷在壞心情裡。
3. 開始行動，就可能讓事情有所不同，也能讓壞心情有撥雲見日的機會。

二十七、為自己發聲

練習說出自己的需求與限制，別讓埋在心裡的委屈累積成內傷。

國中時期，班上有一個綽號叫做「軟蛋」的同學。

軟蛋是很溫馴的男生，也是同學與老師眼中的好好先生、標準的乖乖牌。印象裡，他很少舉手發問，不曾反駁過別人的意見，別人安排給他的事情他總是會全力以赴去完成；有時候被別人誤會了，也沒有看他為自己反駁過。因為這樣的個性，大家都很喜歡他——喜歡逗弄或使喚他。

班上每節上課都會傳一張空白紙條，大家輪流在上面寫滿各種品項後，再丟給軟蛋。幾乎每一堂下課，他都滿頭大汗、雙手環抱著滿滿從福利社買回來的大家指定的餅乾飲料。有時即使他面有難色地表示他要補寫作業，同學還是半拗半威脅地要他去買東西，於是他還是完成了同學的要求，直到放學後才留下來繼續罰寫沒完成的作業。

班上雖然有人阻止大家的舉動，也勸軟蛋不需照做，但他總是回答沒關係、還好、還可以。久而久之，大家也覺得這樣的「請託」是理所當然的，有些更過分的同學甚至沒有給軟蛋買零食的錢。也因為他總是說沒關係，原本那些打抱不平的聲音也逐漸銷聲匿跡。

某天，軟蛋又獨自抱著滿到用下巴才能固定的零食走回教室，突然有人用戲謔的口氣說：「白痴啊！走這麼慢，你的腳跟你的蛋蛋一樣軟喔？」「拖到上課才回來，是故意不讓我們吃嗎？」

出乎眾人意料，這句話像是在堆積成山的炸彈上放了一把火，軟蛋大吼一聲，憤而將懷裡滿滿的零食往地上一丟，順手拎起一瓶鐵罐飲料就往那同學臉上砸了過去。

鮮血，從那一雙瞪大的眼睛之間汩汩流下。

在大夥還來不及反應的瞬間，軟蛋以迅雷不及掩耳的速度衝上前，將那個同學撲倒在地、壓坐在他身上，一拳一拳揍在那張驚恐的臉上。直到大家回過神，才趕忙將發了狂似的軟蛋拉開……

發生衝突的兩人後來各被記了一支大過，被揍的同學在醫院待了幾天才回到班上，導師也嚴格禁止大家再使喚軟蛋去買東西或打雜。而事發之後，有些人譴責班上同學的蠻橫；有些認為軟蛋從一開始就不該幫忙同學跑腿，同學習慣使喚他，他自己也要負責。姑且不論孰是孰非，我相信軟蛋肯定是很不好受的。

自我肯定

無法拒絕他人的要求，難以表達內在的情緒、爭取自己應有的權利，隨之而來的不舒服，會一點一滴地在內心積沙成塔。直到哪天某個引爆的刺激出現，結果很可能一發不可收拾。

以下這些情況幾乎在每個人身上都或多或少出現過：當你完成工作準備回家，同事卻告訴你辦公室有「不能準時下班」的潛規則；好不容易上了擁擠的火車，卻發現有人在你的座位上裝睡；終於搶訂到春節的機票與飯店並且付清款項，長輩卻要求一定要返鄉過年。或者，被拗去做非自己職責內的工作、在大家面前被嘲諷、莫名被砍了福利等，這些都可能會讓人難以開口拒絕，也不好意思維護自己的權利。

心理學中，有個概念叫**「自我肯定」（self-assertive），意思是，在不攻擊他人的情況下，爭取自己應有的權利，或者拒絕自己不喜歡、對自己不利的要求。**一個能夠自我肯定的人，可以在被占便宜或攻擊時，溫和而堅定地拒絕，並堅持自己的立場；也可以在必要的時刻說出自己的需求與為難，但不會因此感到羞愧或惶恐不安。

用文字來解釋「自我肯定」一點都不困難，但是做起來絕對比說的還要難上許多倍。

從小，我們就經常被教導「助人是美德，拒絕別人是不禮貌的行為」、「自私的人才會重視自己的權利」、「說出自己的需求是厚臉皮的」，久而久之，「維護自己的權利」似乎就與「對不起別人」畫上了等號。

為自己發聲

記得有一年春節，我們全家到一間經常造訪的土雞城聚餐。大年初一，整間店擠得水洩不通，我們足足等了一個小時才盼到第一盤菜上桌，飢腸轆轆的我們才看一眼，差點沒有暈倒：一盤三百多元的招牌沙茶炒牛肉，只有稀稀落落的三片小肉片隱藏於青菜中，跟平常明顯差距許多。

全家人望著那盤單薄又冷清的炒牛肉沉默了一會，我起身決定去將這個狀況反映給店家。母親見狀驚慌地拉住我，勸我不要去談、忍耐一下就好了，但我還是走到櫃檯去找店員。十分鐘後，老闆親自端了一盤與平時分量相當的炒牛肉上桌，並且慎重地道歉。

當時家人聽了，也對老闆說：「不好意思，對不起。」只有我跟老闆說：「沒關係，謝謝你重新炒過。」

為什麼我的家人要說抱歉呢？我們明明是損失的那一方，只是如實反映了狀況，何來道歉之須？到底要為了哪部分抱歉？

我們都以為把道歉掛在嘴邊是一種禮儀，殊不知那很可能只是我們不敢表達出自己的怒氣而使用的手法。

與其回到家才整晚悶悶不樂、咒罵店家，或指責提議去那家店聚餐的人（這樣以後誰還敢提議呢？），不如溫和而堅定地在適當的時機，向適當的人表達出來。

正視自己的感受、表達自己的感受雖然不一定能得到期待的回應，但卻是相當重要的步驟。因為，**如果無法肯定自己的感覺，就無法拒絕他人無理的要求；如果連你都無法正視自己的感受，又怎麼要求別人正視你的感受呢？**

這麼做的目的不在於攻擊別人，而是誠懇且如實地讓別人知道我們需要什麼，知道哪些請求對我們是有困難的，也藉此讓自己更輕鬆自在一些。適度表達自己的困難與限制，別讓自己陷入受害或苦命的無力深淵裡，這也能讓別人了解我們，知道我們的難處，知道我們需要被協助。

有時我們會陷入一種「委屈無人知」的無力狀態，但那很可能是因為我們沒有釋出讓別人理解我們、靠近我們的機會。我們不願意說，也覺得不該說出口，甚至有時還不切實際地以為真正的好友或至親不需要我們開口，他們就能理解我們的需求，知道要伸出援手。

「被拒絕」的勇氣

光是知道自我肯定的好處與重要性，還不足以讓人放心地去練習。人之所以無法自我肯定，最主要的恐懼是來自關係中另一方的反應。因此，無須因為別人的言語或行為，而感到自己好像做了十惡不赦的壞事，也不用為此急著責備自己。我們需要的，只是知道：「喔，原來對方無法幫我。」「原來別人可能不喜歡我的想法。」「或許我需要再多一些練習。」

即使別人拒絕或否定了你的想法，或許他也只是如實表達他的主觀意識，你可以選擇接受或不接受。如果無法意識到這件事情，我們可能會將他人的質疑、否認或拒絕，都當成是對自己的攻擊，不但因而感到不舒服，還可能將這些難以忍受的負面情緒往外宣洩，轉而攻擊別人。

或許我們都認為如果要維持、經營一段關係，就必須理所當然地多忍耐、多容忍對方。**但往往也是因為這個理所當然，讓關係因為忍耐而充滿負向情緒。**當一段關係充滿了抱怨、委屈、忍耐，又怎麼能夠持久呢？即使真的撐了一段時間，最終也可能因為不好的品質而讓關係破裂。

因此，如果真的重視對方、珍惜彼此之間的關係，就要學習自我肯定。尤其當雙方的權力不對等時，例如父母與孩子、老師與學生、主管與下屬、學長姊與學弟妹，更是如此。

位居權力弱勢的一方要學習表達自己的聲音，而權力較優勢的那一方則要學習開放自己，允許對方表達出他的需求、意願與困境，而無須將這樣的聲音拿來當作對自己的挑釁。如此一來，雙方都不需要因為感受到威脅或挫折而去攻擊對方。

練習7　提升自我肯定

回想一下曾經被他人「拗」去做某件你不喜歡的事情的經驗，並依序回答：

1. 當他（她）要求我做這件事時，我的想法是：____。
2. 我內在真正的感覺是：____。
3. 如果答應他，對我的好處是：____。
4. 這樣的好處對我重要嗎？____。
5. 如果不答應，結果會是：____。
6. 這樣的結果會有的壞處：____。

7. 這樣的結果帶來的好處：＿＿＿＿＿＿＿＿＿＿。
依序回答這些問題之後，往往會發現有的時候，拒絕別人的「下場」其實並沒有想像中的可怕，還可能利大於弊。因為你不用委屈自己去做討厭的事情，別人知道你不喜歡這件事且不會全盤接受後，就可能降低為難你的頻率。而這樣的結果，不就是我們最想要的嗎？

情緒覺察27

1. 「自我肯定」是在不攻擊他人的情況下，爭取自己應有的權利，或者拒絕自己不喜歡、對自己不利的要求。
2. 無法拒絕他人的要求、難以表達內在的情緒，隨之而來的不舒服會漸漸地在內心積沙成塔。直到哪天某個引爆的刺激出現，很可能引來一發不可收拾的結果。
3. 若我們無法說出自己的需求與限制，也就無法讓別人有了解我們、協助我們的機會。

二十八、自己的鼓勵自己給

一千種來自外在的鼓勵，都不如你給自己的一道掌聲。你的價值不是建基在別人的評價之上，而在於你對自己的欣賞。

我在諮商時，經常在個案身上發現某種很類似的反應模式。那就是，當我肯定他們的努力與進步時，他們都會有些不知所措、一臉茫然，有些人甚至直接否認，表示自己還不夠努力。好像他們與「好表現」的關係是兩塊強力相斥的磁鐵，或是兩條筆直的平行線。

記得國小的時候，爸媽很喜歡拿我的成績跟班上某個總是考第一名的同學比較。因為不服氣、想證明自己的實力，某次段考前，有整整一個月的時間我都非常認真聽課，放學後一定先把作業寫完才會出去玩，有時間的話甚至會主動重複運算數學習題。現在想想，對那個才九歲、喜歡跑來跑去的我而言，那樣的認真程度還真是不可思議。

期末考成績出爐。四科裡，我只有一題國文注音因為筆誤寫錯而被扣了兩分。我小心翼翼地將四張考卷牢牢抓在手中，蹦蹦跳跳地回家。

「爸，我考三百九十八分耶！這次一定是第一名！」一踏進家門，我立刻雀躍地攤開四張考卷，滿心期待得到老爸的讚賞。

結果老爸回應的那句話，至今仍深深刻印在我的腦海裡。

「剩下的兩分呢？」爸爸當時正在處理手中的貨品，連頭都沒有抬起來：「就說你的粗心大意會讓你很難成功，看到了吧？」

聽到這句話，我突然覺得自己的努力很沒有意義，甚至對這種為自己好表現而自豪的行為感到羞愧。

「原來我在爸媽的眼中一點都不好，我不應該為自己感到驕傲。」回到房間，我將那四張考卷用力揉成一團，塞進抽屜的最深處，再也沒有拿出來過。

對當下的我而言，除了失落，還有一股很深的無望感，覺得自己好像怎麼努力都無法得到爸媽的認同。

有位在房仲業頗有成就的朋友曾與我分享，從小他的課業成績相當優秀，成長的過程也很獨立，無論是念書或生活都不需要父母親操心。大學畢業後，他抱著高學歷不保證有高收入的心態，毅然決然投入大家眼中輕視的房仲業，從小小的業務開始做起。幾年後，當年的大學同學紛紛從研究所畢業，在失業與屈就低薪工作之間痛苦拉扯時，他的年收入早已突破七位數，在台北市有車有房，成為大家眼中的就業勝利組。

照理說，他應該是很有成就感的。

可是不管怎麼努力、如何傑出，他總覺得自己在父母親眼裡還少了些什麼。他說，那種「只差一分就滿分，卻因此被責罵怎麼沒考滿分」的經驗對他一點都不陌生。除此之外，爸媽也常對他說：「這次做得還好，下次可以更努力。」「自己的孩子不能褒，褒了就會停止進步。」甚至熬了好幾年，終於升上公司的主管，他興高采烈地打電話回家報喜訊，父親卻只說了一句：「有時間就多去進修，看看有沒有機會再晉升。」

掛掉電話後，他愣在原地久久無法說話。

「其實，你好希望你的爸媽可以看到你做得好的地方，就算只是簡單的一句『你不錯哦』都好，對吧？」聽著他說話的聲音愈來愈小，我回應他。

「後來爸媽走了，也沒機會聽到了。」他惆悵地說：「有時候我會懷疑自己是不是不夠有擔當？都幾歲人了，竟然還像小孩一樣想要爸媽的鼓勵……」

看他蜷曲在沙發上、滿臉失落地說著這些話的樣子，很難想像這是一個業績年年破億、掌管好幾家店的鑽石級店長。此刻的他，更像是一個缺乏自信，期待被父母摸摸頭，被鼓勵的小男孩。

其實我相信，父母親通常是出於好意，他們衷心期待孩子好還可以更好，過著衣食無虞的生活。但這些話聽在孩子耳裡，卻像是踩在愈用力就愈深陷的流沙堆中：「我這麼努力，難道還不夠好嗎？」「到底要怎麼做你們才會滿意？」「算了，總之我怎麼做都不好，你們再去生一個更厲害的好了！」

孩子的努力距離父母親心中的「好」，似乎總是差了那麼一段距離，而孩子就像眼前被綁了一根紅蘿蔔的馬兒，無論如何努力奔跑，都無法得到那個朝思暮想的獎勵。偏偏父母親的認同與肯定，在孩子的心裡又占有最重要的位置。

探索內在需求

很多人為了得到父母的認同，終其一生努力不懈地工作，放棄自己從小的渴望與夢想，忽略自己的需求與生活。因為缺乏被肯定的經驗，有些人從小就感受不到自己的價值，認為自己不值得被重視，因此當他們接受到別人的讚美與鼓勵時，不但無法真心接受，甚至認為別人是不誠懇的，且懷疑這一切的真實性。

這種匱乏的感覺像是一個深不可測的黑洞，逼著他們不斷地往外尋求認同，到處攫取別人的讚賞且迫不及待地囫圇吞下。然而，無論有多少來自外在的肯定與讚美，也滿足不了自己內在那無止境的空虛，因為他們根本不知道自己所追求的目標（能夠被父母認同）的標準到底在哪裡。

無論怎麼努力都得不到認同的成長歷程，就像參加一場到不了終點的馬拉松，除了疲累，更讓人痛苦的是努力後卻累積了滿滿的無望感，並且感受到內在的匱乏。

想要終止這種令人痛苦的無望與匱乏，必須停下慣性的行動模式。練習把焦點從對外在的索求，轉移到探索自己的內在。

父母是父母，我們是我們。**父母曾經說過的批評，不必然是我們一輩子的樣**

貌；父母沒有說出的肯定，也不代表我們真的就不值得擁有。

即使我們曾經是那個必須靠著父母親的餵養才能生存、依照父母親的指令才知道如何行動、憑著父母親的鼓勵才有勇氣面對困境的孩子，人生終究必須靠自己才能走下去。

我們其實無須全然滿足父母親的期待，才稱得上是一個有價值的孩子、有價值的人。或許我們的父母親永遠都不可能給出那些我們想要的認同，也或許到了父母親終於給出肯定的那一天，我們反而感到有些空虛或覺得為時已晚。

無論如何，我們已經長大了。在成長的過程中，我們的確獨自面對了許多的困難，付出了很多的努力。我們必須學習肯定自己在生命中的努力與願意；我們也必須學習認同自己，練習覺察並建立自我的價值，而不是將評價自己的權力全權交託到他人手上。

當然，能夠得到別人的認同是一件很棒的事情，但**我們無須被動地等待別人來肯定我們，也不必讓自己深陷在向外界索討肯定的無助狀態**。對自己最好的肯定就在我們的內在，那裡才有讓自己獲得真正力量的寶藏。你不用經歷重大事件，也不必得到諾貝爾獎，你隨時都可以肯定自己的努力，欣賞自己的獨特。

練習8 寫一封欣賞自己的信

以下是我寫給自己的、欣賞自己的一封信，如果你暫時想不到其他的格式，或者平常不習慣寫信，可以依照上面的格式撰寫，並將底線的文字修改成你對自己的觀察。

寫完建議找個安靜不被打擾的地方，唸給自己聽。這不只是一封信，也是一份宣言，一份欣賞自我、肯定自我的重要宣言。

親愛的展誥：

即使這個世界總是依照成績、學歷、工作、薪水來評價你，但這並無法代表真正的、完整的你。

因為，每一個生命都是獨特的。

因為你不管看什麼電影都會感動掉淚，因為你對絲瓜感到恐懼，因為你喜歡賴床，因為你寧願餓肚子而將午餐分給流浪狗，因為你討厭媽媽的碎唸，因為你討厭寫作業，因為你喝咖啡不加奶精只加三包糖，因為你總是害怕麻煩別人……因為你有很多專屬於自己的獨特。

因為別人無法代替你承受你曾經歷的磨練與痛苦，因為別人無法體會你生命中曾經有過的歡欣與喜悅，因為別人無法代替你呼吸，無法取代你在家人與好友心中的位置。

你值得被愛，不是因為你的表現，不是因為你的條件，而是因為你是獨一無二、最特別的那一個自己。而這一切就值得你去欣賞自己、重視自己、愛自己，並且認同自己的價值。

情緒覺察28

1. 渴求父母親的認同，卻又不知道父母認同的標準為何，就像跑一場到不了終點的馬拉松。除了疲累，更讓人痛苦的是在努力之餘還累積了滿滿的無望感。
2. 想要終止這種痛苦的匱乏感，我們必須停下慣性的行動模式。練習把焦點從對外在的索求，轉移到探索我們自己的內在。
3. 父母曾經說過的批評，不代表會是我們一輩子的樣貌；父母沒有說出的肯定，也不代表我們真的沒有，或不值得擁有。

二十九、暫停營業

每個人都不需要為別人而活，也不該替別人做決定。

有一位母親鼓勵她年逾三十歲的女兒來與我談話。雖說是鼓勵，但從女兒不情願的表情與回應方式來看，我認為她很可能是被強迫來的。

「來這邊談話，是妳自己想來，還是被逼的呢？」對於可能是非自願來談的個案，在諮商開始前，我通常會先拋出這個問題，看看對方的反應再決定如何調整我介入的方式。

「沒有人逼我。」她看了看手腕上的錶，像機器般回答得毫無抑揚頓挫。

「那妳來這邊，想要談什麼呢？」我問。

她搖搖頭，沒有開口。

「妳從哪找到來這裡的相關訊息？」

「妳知道來這邊要做什麼嗎？」

「妳想來談幾次呢？」

試探性地接連問了幾個問題，她同樣都以沉默或搖頭回應。在那個宛若時間暫時停止的諮商室裡，只剩下牆上時鐘的秒針滴滴答答地跳動著。

到這邊，我幾乎能確定眼前的個案是不是自願來談的。如果是自己想來談話，應該不至於連想要談什麼、做什麼都完全以沉默回答。

「辛苦妳了，我先跟妳的母親聊一聊，看怎麼樣再跟妳討論，好嗎？」我微笑地說。

聽到這句話，她像是看到了逃生出口，如釋重負地鬆了一大口氣，點點頭便起身離座。

後來，母親表示的確是她希望女兒來接受諮商。原因是女兒已經念完了大學、研究所，並且開始上班，但隨著年紀增長，女兒不但沒有交男朋友，甚至連朋友也愈來愈少。母親說，即使女兒是同志她也不反對，讓她最擔心的是，女兒好像喪失了人際互動的意願和能力。

女兒研究所畢業後，這位母親為她找到一個不錯的工作。為了讓女兒不愁居住問題，母親幾乎用罄自己的退休金，幫她在公司附近買了一層全新的公寓，但這一切反而成為日後讓她更擔心的來源。

「老師，你知道嗎？她後來放假都沒有回來看我，工作之外的時間像是把自己關在籠子裡，幾乎足不出戶，只是一直看日劇、睡覺……」母親擔心地說：「我怕她會變成電視上說的那種什麼繭居族還是宅女，所以有幾次提議要搬過去跟她住，或把空著的房間租給別人，看看能不能增加她與別人的互動。」

「哦，結果呢？」我滿好奇女兒對於這個提議會如何反應。

「唉，」母親深深地嘆了口氣，「結果前天有人去看房子時，她突然發飆大吼：『我就是只想要一個人住！我就是只想要整間房子只有我一個人！』看房子的人當場被嚇跑，她到今天都沒有開口跟我說話。」

「我先生早逝，我有承諾要好好照顧這個孩子，讓她平平安安、健健康康，不用擔心生活。唉，我現在也一把年紀了，只希望她能有好的婚姻、好的託付，我就可以放下心頭的重擔……」母親講著講著，滿腹的委屈和擔心化成了眼淚，撲簌簌掉下。

「她能不能規律地上下班呢？」我很好奇，這個被母親講得好像什麼都需要被照顧的女兒能獨立生活嗎？在工作方面的表現又如何呢？

「是可以，她好像很少請假，也沒有遲到。」

「那她在工作中如果要開會、討論，是不是能開口與別人保持溝通？」

「應該沒問題，聽她說工作方面還算順利，也在上個月被公司升遷。」

「所以，妳的女兒並沒有放棄她的工作，也能在必要的時候與人保持溝通，是嗎？」

母親點點頭。

「那麼，女兒會讓自己餓肚子嗎？她身體有沒有哪些地方因為自己住而變得不健康？」

她搖了搖頭，但臉上還是寫滿了擔心。

於是，我試著挑戰她的信念：「妳辛苦了一輩子，犧牲自己，努力地照顧與安排女兒的生活；但對於現在的她而言，會不會妳需要給的，是讓她能夠決定自己生活方式的空間與權利？」

果然，母親聽了之後有些困惑：「孩子是我們生的，父母為了孩子努力付出，盡可能幫他們選擇最好的生活方式，難道不是天經地義的事情嗎？」

讓每個人做自己的主人

在真實世界的物理環境中，不論是個人的寢室、書房、辦公桌，乃至於在公共場合用餐、搭車，甚至與他人談話，每一個人都需要保有自己主觀上適當的空間，才能感受到舒服與放鬆，並且擁有隱私。這樣的距離可以讓人感到安全而不至於被侵犯。

心靈的空間也是如此。

對於一個三十歲的成年女性而言，或許能夠與人接觸、擁有親密關係是比較符合傳統價值所期待的。但對這個從小到大，無論升學、交友、穿著，乃至於工作、住處都被決定好的女兒而言，或許她最想要也最需要的是，拿回為自己做決定的權利。

為自己做選擇，可以讓一個人感受到自己的主體性與能力感；誠實地表達各

種情緒，則可以讓人覺得自己是被接納的、完整的。

不過，如果看到這邊就驟然做出「母親過於控制」的結論，又太過偏頗。因為，這場「替別人做決定／讓別人做決定」的遊戲不是由某一方單獨造成，而是雙方共構的結果。

在母親為女兒做的各種安排裡，我們最容易看到的是母親剝奪了女兒的選擇權，而無微不至的照料也在告訴女兒：「我都安排好了，妳只要照著我的指示過得幸福快樂就好。」但另一個經常被忽略的事實是，孝順的女兒接收到這個隱微的訊息後，為了不讓母親失望，也選擇只表達出正向的情緒，且壓抑了負向的情感，否認了自己真正的需求。

換言之，女兒的心靈空間塞滿了母親的期待、需求與決定，而她所做的回應，也都努力地不讓母親失望。住進母親買給她的房子，乍看之下終於有了自己的生活空間，但實際上，連這間房子也是母親所安排的。她清楚母親的辛苦，也明白母親的關愛，但愈是如此，她就愈覺得動彈不得。

一個人住的房子，某種程度也代表著這個女兒的內在空間。當母親擅自要求將房子出租、開放讓人參觀，對女兒而言就像是被侵略、不受尊重，以往那種被控制的感受很快地油然而生。

因此，當她憤怒地喊出：「我就是只想要一個人住，就是只想要整間房子只有我一個人！」除了情緒宣洩之外，其實也在為她那被擠壓的內在空間發聲。她需要拿回為自己做決定的力量，需要擁有屬於自己的空白，需要劃出讓自己不受打擾的心靈空間。

一個看似失控大吼的舉動，實際上，是想要拿回對自己的主控權的宣告。

對於辛苦工作、努力照顧女兒大半輩子的老母親而言，需要學著放手、信任女兒，給她更多的空間；因為長期壓抑而終於爆發的女兒，則需要學習表達自己的需求，知道自己不需要為他人的情緒負所有的責任。兩人的內在都必須保有屬於自己的空間，了解自己不需要全然為別人而活，也要學習建立界限，讓自己不受他人打擾。

內部整修——讓心靈休個假

有時候，我們的心靈需要掛上一個「內部整修、暫停營業」的告示牌，內部修繕、重新裝潢完成之後，就能再度開放、容納前來參觀的人們。

就像面對暫停營業的店家一樣，對於那些暫時不希望被打擾、想要獨處的人，我們可以適時地給予關心，但也要尊重他選擇暫時關門的行為，而不是逕自把門撞開，強迫對方盡快開門營業。

一個人會選擇獨處，或許不全然是人際退縮，也未必會因此感到寂寞。也許他只是想要重新找回與自己相處的時刻、享受對自己的照顧，並重新學習由自己給予自己滋養。

這是一個「愛自己、做自己」的必要過程。唯有不被壓迫的心靈，才可能健康地茁壯、拓展，進而擁有更開放及涵容的彈性與能力。

情緒覺察29

1. 為自己做選擇，可以讓人感受到自己的主體性與能力感；誠實地表達各種情緒，則可以讓人覺得自己是被接納的、完整的。
2. 心靈與生活一樣，都需要保留自己的空間才能感到舒服與自在。當內在充滿了別人的情緒與期待，也等於失去了為自己而活的空間與能量。

3. 有時候，我們的心靈需要掛上一個「內部整修、暫停營業」的告示牌。透過獨處學習與自己相處，並傾聽自己內在真正的聲音與需求。

4. 唯有自由而不被壓迫的心靈能健康地茁壯、拓展，進而擁有更開放及涵容的彈性與能力。

三十、「減法生活」好心情

學著做選擇，把能量放在對我們真正重要的人事物，讓生活更簡單、心靈更澄淨，也讓情緒更穩定。

朋友圈裡，有位堪稱是購物界與收納界中千年難得一見的奇才。

他在托特包裡的小夾層整齊地放著綠油精、一大串各式各樣的鑰匙、口香糖、面紙、鋼筆組、護唇膏；中間的夾層另外用一個多層資料夾收納當天要用的各種資料、空閒時想看的書；最後一個大夾層放著一台輕薄筆電，當然，筆電也要用另一個專屬皮套謹慎地裝著。

除此之外，他還另有幾個收納用的小袋子。A袋裝3C產品，包括用捲線器纏好的各種充電器、用保護殼裝著的行動電源、各種轉接頭、耳機、隨身碟；B袋是化妝包，裡面有洗面乳、眼霜、化妝水、乳液、護手霜、小瓶香水、吸油面紙等；C袋是文具，有高達數十色的螢光筆、修正帶、鉛筆、原子筆、小刀、膠水、膠帶等。另外還有名片夾、悠遊卡套、鈔票夾、零錢袋、皮製長夾、行動電源（是的，第二顆行動電源）、墨鏡、咖啡隨行杯……以上所有東西，最後全都放進同一個包包裡。

經過動輒半小時的整裝，一個包包少說有五、六公斤重。揹著足以用來訓練肌力的包包，常看他斜著身子、揮汗如雨地艱難前進。每天他都會換不同的包包出門，所以上述的整理歷程每晚都會上演。

每次看到標榜更精緻小巧的商品，他就毫不猶豫全都買回家，希望讓包包更輕巧、更方便。但真正的問題不僅是整理包包的過程，還有每次當他要使用某個東西時，都得大費周章地從許多東西中挑出來，用完再謹慎地收好、塞進小收納袋、放回大包包的某個特定位置，接著再拿出另一個東西，再次重複相同的步驟。這樣繁瑣的過程經常讓他拖延了下一個行程的時間，有時弄丟了某個東西卻找不到，也會讓他在忙碌生活中感到煩躁與生氣。

這還只是一個外出的包包，更別提他的書房、寢室、客廳、餐廳。問他為什麼要這麼用力地「整理」？他堅持，收納是一種態度，能讓生活更便利、更有效率。

斷捨離的減法生活

曾有段時間，我很想效法這種生活方式，看看是否能讓我粗線條的神經變得比較細緻一點，後來我終究棄械投降。因為對我而言，如果是為了讓生活更便捷，與其耗費金錢購買許多小巧精緻的東西，用力思考如何將它們井然有序地全都塞進包包裡，不如只留下幾樣最必要的物品就好。

近幾年「斷、捨、離」的概念相當盛行。所謂斷捨離，不單單是扔東西的口號，它其實是提醒我們學習在生活中選擇我們真正需要的東西，屏除那些不必要而多餘的部分，並且將這樣的態度實踐到生活其他層面，讓居家環境更單純，讓我們擁有更好的能量與更健康的生活。

套句金城武在廣告中的台詞：「世界愈快，心則慢。」相對於追求並滿足更多的欲望，或許在這訊息爆炸、物質奢華的年代，我們更需要的是努力從生活中的大量訊息裡辨識出不重要的東西，並將其剔除；再針對留下來的、對我們有意義的東西稍做排序。這樣我們就能將寶貴的時間與能量投注在真正重要的事情上。

我將這樣的生活方式稱之為「減法生活」。

是「必要」，還是「想要」？

每年農曆春節前夕大掃除，我的完成速度都很快。祕訣只有一個字：「丟」！

不過，丟東西當然不是未經思考就全部扔進垃圾袋裡。對我而言，超過五年都沒有動過的東西通常只剩下兩個功能，一是留念，二是占空間。而那些我們覺得雖然用不到卻好像很重要的東西，通常放了幾年之後，有九成還是會被我們丟掉。過了十年、二十年，我們依舊覺得很有紀念價值的東西，其實少之又少。

我們總是很努力地想多賺些錢、多買些什麼、多得到些什麼，好像多擁有些什麼就等於更有成就、更幸福、更完美無憾。可是，這些東西真的是我們需要的嗎？有沒有可能，其實大部分只是我們「想要」而非「必要」？得到了，我們的人生就會因而更有意義、更幸福嗎？

為了滿足這些想要，我們必須耗費更多的能量，犧牲生命中其他重要的事情，卻忽略了自己真正重視的價值是什麼。這樣的生活，真的值得嗎？

許許多多我們努力追求的那些更好、更美、更多的物質或目標，乍看真的很吸引人，但這些東西就像是前述那位友人購買的各種高價位物品，超過了自己的需求，塞在一起不但沒有讓生活變得更簡便、更美好，反而還成為另一種負擔。

經過這幾年到各地演講與工作的經驗，我的背包到後來只會放一枝筆、一本筆記本、皮夾、手機，還有一個小小的保溫杯。確保有錢付帳、有手機能聯繫、有杯子可以喝水兼做環保，還有筆和紙可以記錄隨時湧現的靈感，對我而言這就足夠了。我喜歡這樣簡單而輕鬆的裝備，讓自己有更充沛的精神欣賞沿途風景、思考寫作的內容，並優雅地面對我的工作與生活。

重點不在於哪一種生活方式才是最好的，不過，我們都得了解一個不爭的事實：**每個人一天擁有的時間都是相同的，你在某件事情上耗費更多的時間，就勢必會擠壓其他事情的時間。**在這訊息多元而繁雜的年代，若無法試著讓某些事情簡單化，林林總總的事項將會壓得你喘不過氣。

如果連一個包包都能讓你筋疲力竭，那麼面對生活中的突發狀況或挫折時，又如何期待自己有能量沉著以對，保持穩定的情緒呢？

在乎你真正在乎的

在關係中，對我們所愛的人以及愛我們的人投注心力，細心地經營彼此的關係；不需耗費力氣去討好那些不喜歡我們、與我們生活不相干的人。**關係重視的是真誠與品質，而不是客套與浮濫。**

在人際互動中，不用強迫自己成為大家都喜歡的人，不必將能量投注在滿足所有人的期待，也不要期待每個人都能理解自己的努力或委屈。**我們的人生不為誰而活，而他人的眼光也無法決定我們真正的價值。**

在工作中，設定目標、擁有鬥志固然重要，但不必總是拿他人的年薪與職位來做比較，不是把生活塞滿工作才叫做認真努力。工作與成就都只是生命的一部分，如果把自己的價值建立在各種與他人的比較，那麼一生中可能會耗費許多時間在責備自己與怨嘆命運。

在生活中，要時時提醒自己，別人怎麼看我，不代表我就是那樣的人；別人拋出來的責任，不必一肩扛起；別人不理性的指責，無須照單全收；別人施予我們的期待，我們也用不著耗費寶貴的時間使命必達。

減法生活，是要幫助我們辨識哪些價值是自己重視的，並試著將這些價值依照重要性排列，再參考排序來決定投入的時間。這能幫助我們設立自己與他人之間的界限，避免自己總是為他人的生活負責，也避免讓別人的情緒影響我們。

簡單生活——給自己澄淨的心靈

生命中有許多事情或許無法全然如我們所願，工作依舊競爭而忙碌、生活總是充滿未知與挑戰、關係難免會有衝突與誤解。但是，我們可以練習捍衛自己認為重要的價值與意義，捨棄那些不重要或不需要的東西，讓自己有更多能量來經營生活、照顧自己。

簡單的生活，可以讓心靈更加澄淨；澄淨的心靈，能幫助我們擁有更多的能量去因應生活中的各種情境。若能在生活的許多情境中感到自在且游刃有餘，就不會因為心靈的空間被擠壓而感到不舒服，也不會因為緊繃的身心狀態而像顆不定時炸彈。

無論是正向或負向的情緒，都是忠實呈現我們身心狀態的重要指標。認識它們、學習與它們共處、練習更適當的情緒表達方式，就更能成為情緒的主人，也更了解如何自在地經歷這些情緒，進而擁有更健康的生活品質與人際關係。

情緒覺察30

1. 許多我們努力追求的更好、更美的東西，只要超過了自己的需求，就會成為另一種負擔。
2. 每個人一天擁有的時間都是相同的，你在某件事情上耗費較多的時間，就勢必擠壓做其他事的時間。如果沒辦法試著讓某些事情簡單化，生活裡的繁雜事項將會壓得你喘不過氣。
3. 簡單的生活，可以讓心靈更加澄淨；澄淨的心靈，能幫助我們擁有更多能量去因應生活中的各種情境。

過去，我們總是企圖透過隔絕情緒來保持理性，
卻總是被莫名的情緒擾亂思緒；現在，請試著正視情緒、探索情緒，
減少失控的頻率，也減少被情緒支配的窘境。

【附錄】諮商資源參考

<table>
<tr><th colspan="2">身分</th><th>機構</th><th>備註</th></tr>
<tr><td rowspan="3">學生</td><td rowspan="2">國小、國中、高中</td><td>各校輔導處</td><td>免費，除提供學生輔導之外，也提供家長或老師的輔導諮詢服務。</td></tr>
<tr><td>各縣、市學生輔導與諮商中心</td><td>免費，除提供學生輔導之外，也提供老師的輔導諮詢服務。</td></tr>
<tr><td>大學</td><td>各校學生諮商中心</td><td>免費，除提供學生輔導之外，也提供家長或老師的輔導諮詢服務。</td></tr>
<tr><td rowspan="3">非學生</td><td rowspan="2">一般民眾</td><td>各縣、市心理衛生中心</td><td>提供免費（有次數限制）與自費諮商、成長團體、心理衛生相關課程。</td></tr>
<tr><td>各縣、市社區諮商中心</td><td>提供個別諮商、成長團體、心理衛生相關課程（收費依各中心之規定）。</td></tr>
<tr><td>公務人員
或企業員工</td><td>可查詢所屬機構所提供之員工協助方案（EAP）</td><td>依各單位之規定。</td></tr>
<tr><td colspan="2">各縣、市其他免費＆自費諮商服務相關機構</td><td colspan="2">請上「中華民國諮商心理師公會全國聯合會」網站：
http://www.tcpu.org.tw
查詢「友站連結」＞「相關機構」</td></tr>
</table>

國家圖書館預行編目資料

別讓負面情緒綁架你——30個覺察+8項練習，迎向自在人生 / 胡展誥作. -- 初版. -- 臺北市 : 寶瓶文化, 2017.06
面 ; 公分. -- (Vision ; 148)
ISBN 978-986-406-094-8(平裝)
1.情緒管理 2.生活指導

176.52 106009247

寶瓶 AQUARIUS

Vision 148

別讓負面情緒綁架你——30個覺察+8項練習，迎向自在人生

作者／胡展誥

發行人／張寶琴
社長兼總編輯／朱亞君
副總編輯／張純玲
資深編輯／丁慧瑋　編輯／林婕伃
美術主編／林慧雯
校對／林婕伃・劉素芬・陳佩伶・胡展誥
營銷部主任／林歆婕　業務專員／林裕翔　企劃專員／李祉萱
財務／莊玉萍
出版者／寶瓶文化事業股份有限公司
地址／台北市110信義區基隆路一段180號8樓
電話／(02) 27494988　傳真／(02) 27495072
郵政劃撥／19446403　寶瓶文化事業股份有限公司
印刷廠／世和印製企業有限公司
總經銷／大和書報圖書股份有限公司　電話／(02) 89902588
地址／新北市新莊區五工五路2號　傳真／(02) 22997900
E-mail／aquarius@udngroup.com

著作完成日期／二〇一七年四月
初版一刷日期／二〇一七年六月二十七日
初版十一刷+日期／二〇二三年四月十二日

ISBN／978-986-406-094-8
定價／三四〇元

AQUARIUS 寶瓶 文化事業

愛書人卡

感謝您熱心的為我們填寫，
對您的意見，我們會認真的加以參考，
希望寶瓶文化推出的每一本書，都能得到您的肯定與永遠的支持。

系列：Vision 148 **書名：別讓負面情緒綁架你**

1. 姓名：＿＿＿＿＿＿＿＿ 性別：□男 □女
2. 生日：＿＿年＿＿月＿＿日
3. 教育程度：□大學以上 □大學 □專科 □高中、高職 □高中職以下
4. 職業：＿＿＿＿＿＿＿
5. 聯絡地址：＿＿＿＿＿＿＿＿＿＿＿＿＿＿＿＿＿＿＿＿

   聯絡電話：＿＿＿＿＿＿＿＿ 手機：＿＿＿＿＿＿＿＿
6. E-mail信箱：＿＿＿＿＿＿＿＿＿＿＿＿＿＿＿＿

   □同意 □不同意 免費獲得寶瓶文化叢書訊息
7. 購買日期：＿＿ 年 ＿＿ 月 ＿＿日
8. 您得知本書的管道：□報紙／雜誌 □電視／電台 □親友介紹 □逛書店 □網路

   □傳單／海報 □廣告 □其他
9. 您在哪裡買到本書：□書店，店名＿＿＿＿＿ □劃撥 □現場活動 □贈書

   □網路購書，網站名稱：＿＿＿＿＿＿ □其他＿＿＿＿＿
10. 對本書的建議：（請填代號 1. 滿意 2. 尚可 3. 再改進，請提供意見）

    內容：＿＿＿＿＿＿＿＿＿＿＿＿

    封面：＿＿＿＿＿＿＿＿＿＿＿＿

    編排：＿＿＿＿＿＿＿＿＿＿＿＿

    其他：＿＿＿＿＿＿＿＿＿＿＿＿

    綜合意見：＿＿＿＿＿＿＿＿＿＿＿＿＿＿＿＿＿＿＿＿＿＿＿＿＿＿
11. 希望我們未來出版哪一類的書籍：＿＿＿＿＿＿＿＿＿＿＿＿＿＿＿＿

讓文字與書寫的聲音大鳴大放

寶瓶文化事業股份有限公司

（請沿此虛線剪下）

廣　告　回　函
北區郵政管理局登記
證北台字15345號
免貼郵票

寶瓶文化事業股份有限公司　收

110台北市信義區基隆路一段180號8樓

8F,180 KEELUNG RD.,SEC.1,

TAIPEI.(110)TAIWAN R.O.C.

（請沿虛線對折後寄回，或傳真至02-27495072。謝謝）